おとなの釜山
歴史の迷宮へ

吉貝 渉・吉貝 悠

Kan Kan Trip

【目次】
CONTENTS

釜山から旅々

はじめに

最初は料理だった。韓国料理を焼肉料理と思い込んでいた勘違いが一撃された。辛いだけだという思いも砕かれた。赤一色も一新された。食は人を虜にする。食で取り込まれたら、もう離れられない。料理は、その国の歴史が生みだした文化だ。そこから、この国に惹かれていった。

釜山へ、そして釜山から少しずつ他の町を訪ね始めた。すると、それぞれの町が、さまざまな表情を見せてきた。新羅、百済、伽耶の昔から高麗、朝鮮を経て韓国へ。その歴史が今の顔をつくって手招きする。町中の路地、家屋。山間の寺、楼閣。時間を超えて今ここにある村。景観に目を奪われ、逸話に耳を傾けて、料理に舌鼓打ちながら、あとは巡るだけだ。あちらこちらを訪れる旅は、かつてと今との旅にもなって。

みゆる日もありとはいへど荒津の沖いづれの雲か新羅なるらむ

福岡が生んだ江戸末期の歌人大隈言道の歌である。西の空から流れてくる雲は朝鮮半島の呼び声のようだ。歩

『おとなの釜山　歴史の迷宮へ』と言っても、優雅でリッチな旅ではなく、特別ディープ

でもない。リーズナブルで公共交通機関で行けるところをゆっくり巡る。良く言えば落ち着いた、悪く言えば年寄り臭い旅だ。エステもコスメも、釜山につきもののカジノもビーチも映画祭もない。私たちの好みから、お寺と食べ物の話が多くなった。

そして釜山から足を延ばしやすい韓国の南半分、慶尚南道・慶尚北道・全羅南道・全羅北道の４つの道のいくつかの町についても紹介した。古代から歴史の主要舞台となった所も多く、近代の日本と関わりが深い地域だ。

おことわりをいくつか。大邱市は、行政上は道から独立した広域市なのだが、本稿では慶尚北道に含めた。また、海印寺の所在地は慶尚南道だが、アクセスが慶尚北道からになるため、こちらも慶尚北道の項で紹介した。

韓国語のカタカナ表記について。韓国語には日本語にはない子音だけの音があり、日本語での表記は便宜的なものである。また、ビビンバ、クッパ、善徳女王《ソンドクヨワン》といった、ドラマなどを通じてある程度知られている言葉については、その表記を使った。

韓国語は、「冬のソナタ」以降どっぷりはまった韓国ドラマを見て、少しずつ覚えた。ハングル（文字）だけは、ソウルオリンピックよりも前、あの文字が読めたら面白そうという程度の動機から、ラジオ講座を聴いて覚えた。切符を買って食事の注文をしてという、まさに旅行会話レベルだが、これでも何とかなるし、会話ができなくても文字が読めるだけで相手の反応はぐんと良くなるのだ。悠

釜山 BUSAN へ度々

海を渡る
くり返された往来に
今　私たちの出会いも
加えよう
風は
季節を告げる
鳥よ
航路を示せ
賑わいの街が待つ

機張市場
기장시장
P63
安平
안평
海東龍宮寺
해동용궁사
P58
萇山
장산
タルマジギル
달맞이길
P97
EA LIFE 釜山アクアリウム
라이프 부산아쿠아리움
韓国マップ
京畿道
경기도
春川
춘천
江原道
강원도
江陵
강릉
仁川
인천
ソウル
서울
平昌
평창
水原
수원
忠清北道
충청북도
忠清南道
충청남도
安東
안동
P146
世宗
세종
大田
대전
慶尚北道
경상북도
P118
全州
전주
P104
大邱
대구
P130
慶州
경주
P120
全羅北道
전라북도
P98
南原
남원
P100
慶尚南道
경상남도
P68
密陽
밀양
P76
金海
김해
P70
晋州
진주
P88
光州
광주
順天
순천
P158
釜山
부산
P6
木浦
목포
全羅南道
전라남도
P156
済州
제주
済州特別自治道
제주특별자치도

釜山マップ

地下鉄2号線
梵魚寺
범어사
P30
釜山総合バスターミナル
부산종합버스터미널
老圃
노포
梵魚寺
범어사
北門
북문
P21
金谷
금곡
金井山城
금정산성
P20
地下鉄1号線
西門
서문
P24
ユデガム
유대감
P26
東門
동문
P21
華明
화명
南門
남문
P20
金剛公園
금강공원
P20
温泉場
온천장
大渚
대저
釜山・金海軽電鉄
温泉川公園
온천천공원
P97
地下鉄4号線
徳川
덕천
地下鉄3号線
亀浦駅
구포역
東莱
동래
忠烈祠
충렬사
香港飯店 0410
홍콩반점 0410
P33
蓮山
연산
センタム
센텀시티
金海国際空港
김해국제공항
三光寺
삼광사
P145
市庁
시청
空港
공항
沙上
사상
釜山市民公園
부산시민공원
P61
釜田駅
부전역
水営
수영
西面
서면
アヘ
아해
P35
広安里
광안리
西部市外
バスターミナル
서부시외버스터미널
凡一
범일
大淵
대연
南川洞桜通
P97
釜山博物館
부산박물관
P53
釜山港国際
旅客ターミナル
부산항국제여객터미널
臨時首都記念館
임시수도기념관
P53
サンドゥンイデジクッパ
쌍둥이돼지국밥
P18
釜山駅
부산역
乙淑島
을숙도
P48
南浦
남포
甘川文化村
감천문화마을
P12
チャガルチ
자갈치
新平
신평
釜山サムジンオムク
体験・歴史館
부산삼진어묵체험·역사관
P54
影島大橋
영도대교
P39
峨嵋山展望台
아미산전망대
P48
岩南公園
암남공원
P48
太宗台
태종대

釜山駅周辺マップ

南浦洞マップ

西面マップ
春夏秋冬
춘하추동
P33
釜山市民公園
부산시민공원
P61
栄光図書
영광도서
南海水産フェッチッ
(ナメスサンフェッチッ)
남해수산횟집
東横イン釜山西面
토요코인 부산서면
西面
서면
釜山ロッテホテル
부산롯데호텔
ロッテ百貨店
롯데백화점
ロッテ免税店
롯데면세점
松亭３代クッパ
송정3대국밥
P18
ナヌリ忠武キムパッ
나누리충무김밥
P50
身土不二
신토불이
シンナラレコード
신나라레코드
テジクッパ通り
돼지국밥거리
P18
ホテルエンジェル
호텔엔젤
ケミチプ
개미집
P34

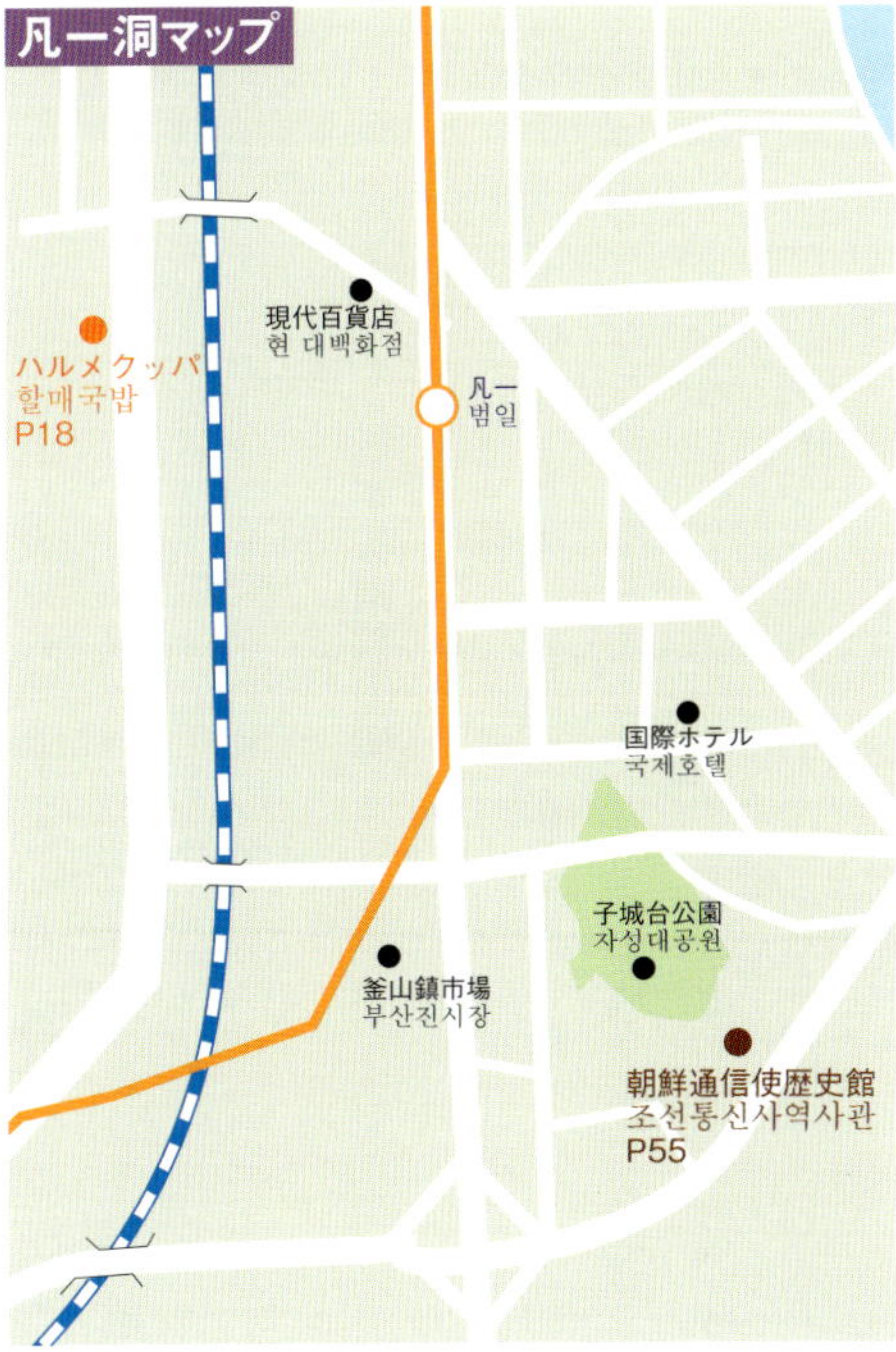
凡一洞マップ
現代百貨店
현 대백화점
ハルメクッパ
할매국밥
P18
凡一
범일
国際ホテル
국제호텔
子城台公園
자성대공원
釜山鎮市場
부산진시장
朝鮮通信使歴史館
조선통신사역사관
P55

東莱マップ
虚心庁
허심청
ホテル農心
호텔농심
足湯
足湯
金剛公園
금강공원
P20
温泉場
온천장
望美楼
망미루
P20
明倫
명륜
ロッテ百貨店
롯데백화점
東莱邑城歴史館
동래읍성역사관
P29
東莱郷校
동래향교
P29
福泉博物館
복천박물관
P28
東莱ハルメパジョン
동래할매파전
P27
福泉洞古墳群
복천동고분군
P29
東莱区庁
동래구청
東莱
동래
東莱市場
동래시장
寿安 수안

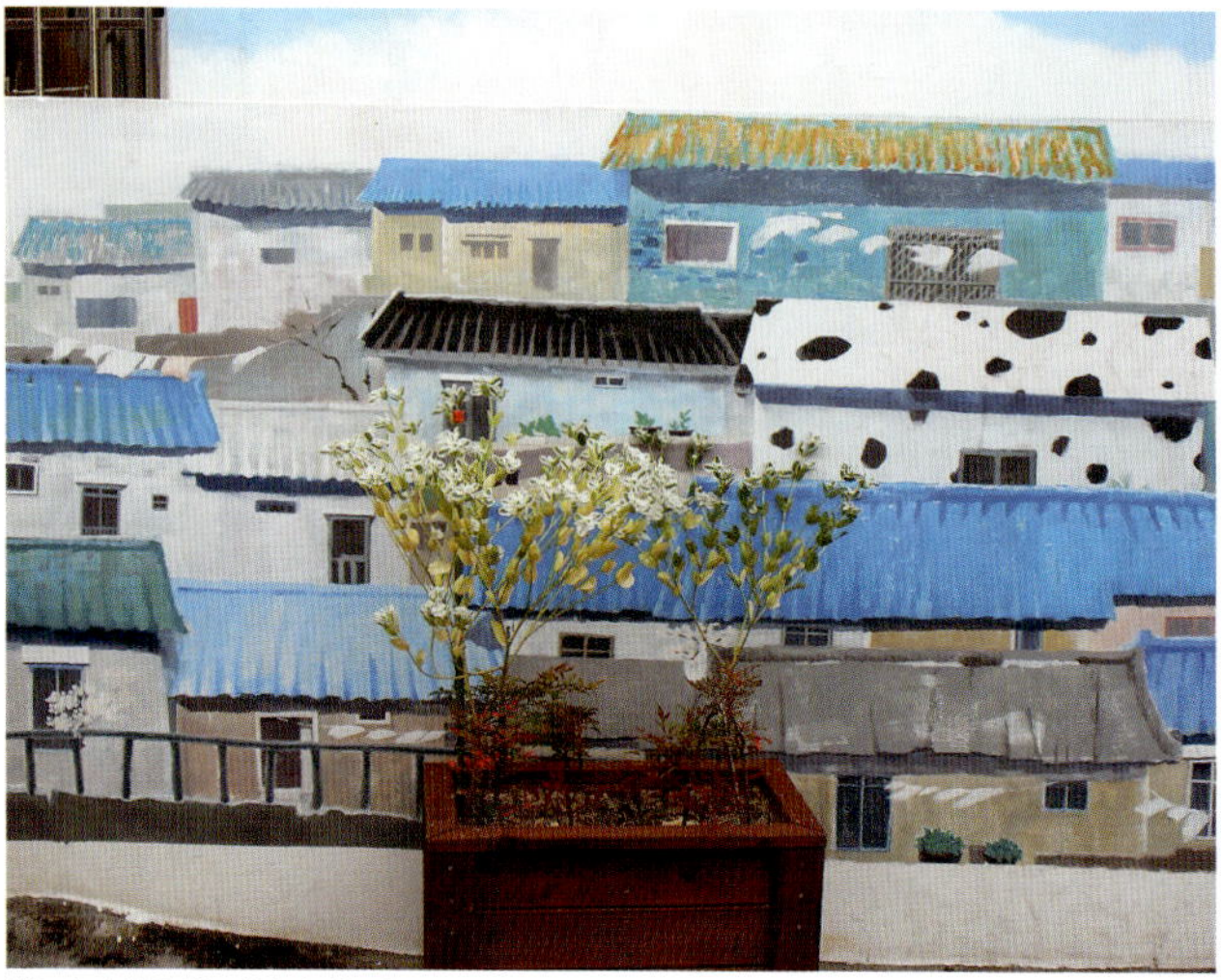

壁にも家並みが。花もとけこむ

甘川文化村

감천문화마을／カムチョンムナマウル

彩られた家々に囲まれながら、路地と坂道の街並みを歩く。海風が斜面を駆ける。ここでは、風にも色がついているようだ。

アートする傾斜の街

路地と坂道。この二つがそろえば街歩きは魅力的になる。路地を歩くときの、さまようような感じ。見下ろしたり、見あげたりする坂道からの風景。時間に追われたら迷路はただのあせりの場所だが、時間を忘れて歩けば楽しい空間になる。

甘川文化村。ここは、そんな一画なのだ。

さあ、甘川へ

チャガルチ近くのバス停で、小型バス「マウルバス」に乗り込む。少人数を乗せてガンガン走るのかと思っていたら、各バス停で人がどっと乗り込んできて、あっというまに土曜の午後の車内はいっぱいになった。バスは坂を上りはじめる。道は湾曲しながらよ

り狭くなる。対向車と離合できるのか気にしながら、窓の外を見れば、店先がすぐそこにある。マウルバスだからこそ行けるのかと思っていたら、大型のバスも来ていた。びっくりだ。

乗車してから15分足らず。散策の起点になる「カムジョン小学校前」で、乗客はほとんど降りた。休日の格好のお出かけスポットだ。それでも住んでいる人と遊びに来た人と半々ぐらいだろうか。暮らしている人にとっては、マウルバスは大切な足なのだ。

まずは、入り口の観光案内所へ。ここで地図を手にいれる。地図は2000ウォン。スタンプを押す欄がある。スタンプを押せる場所は9カ所。すべて押すことをめざして回れば、主な見所をクリアできるようになっている。準備万端、街歩きだ。道案内は、あちらこちらに架けられた魚のレリーフ。その魚の口の向いている方へと、とことこ歩きはじめる。

回り始めは「小さな博物館」から。この建物の壁もすでにキャンバスだ。中にはいると、そこには朝鮮戦争当時からのこの地域の写真が展示されていた。甘川洞の現在に至るまでの流れが少しだけ理解

何を見ているの？　星の王子様

できる。屋根の軒を飾る不思議な鳥のモニュメントや壁に貼られた巨大な魚を面白く思いながら、展望できる「ハヌルマル」への階段を上る。甘川の斜面に並ぶ家々のデザインに息を飲む。また、反対側には釜山タワーと港が見える。

アートショップのおしゃれな屋根、外観デザインに凝ったカフェやレストラン。と、道路の真ん中に人の列。その先には甘川の家並みを見つめる星の王子様と砂漠ギツネの人形が。一緒に写真を撮ろうと順番を待つ行列だ。仲間やカップルでそれぞれ写真を撮っていく。自撮りの道具もバッチリ持参。景色ともども、楽しい光景だ。

路地に入り込んだり、趣向を凝らした建物の中を覗いたり、１４８段の階段を降りたり。この階段、「星が見える階段」と名づけられている。星が見えるように高いところまで続く階段か、それとも上るとクラクラして、目の前に星が飛ぶということな

魚に導かれ

壁の中でかくれんぼ

不思議な鳥たち

アートなロゴの入口看板

のだろうか。暮らしている人とすれ違い、慣れきって欠伸するネコに出会いながら、もと銭湯を改築したコミュニティセンターへたどり着く。ここで地図にスタンプを押せば絵はがきをくれる。センターの展望フロアに上がって、今歩いてきた場所を振り返る。

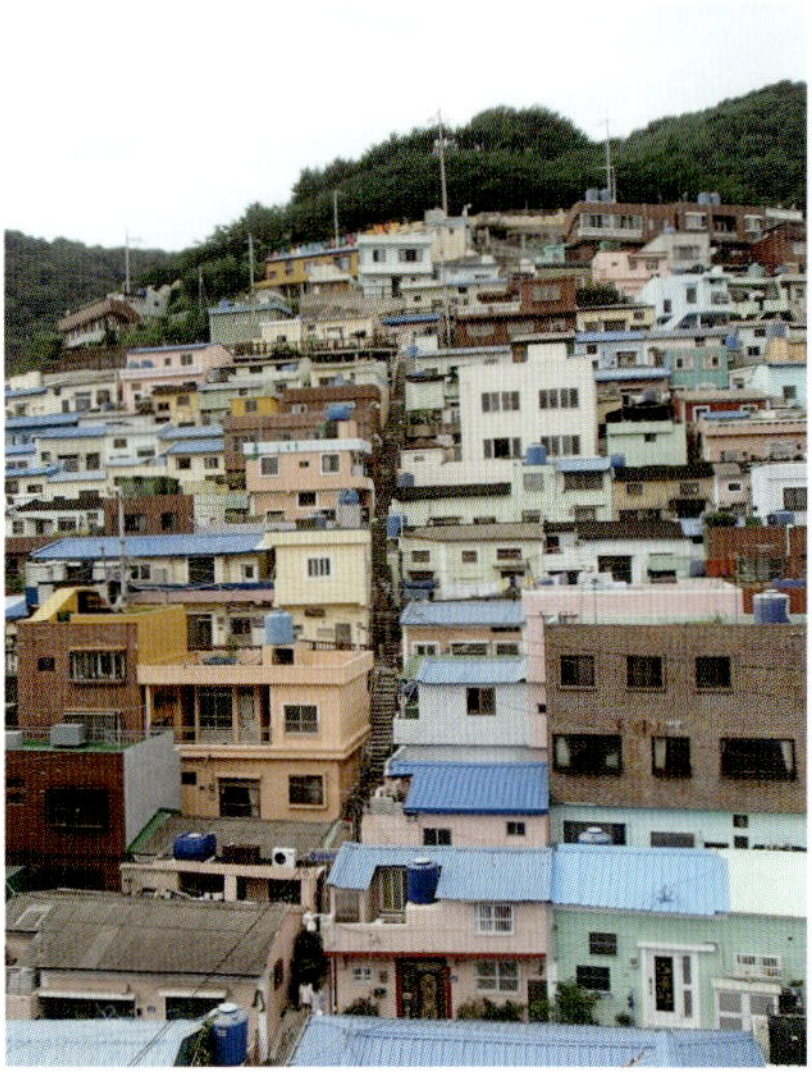

星が見える階段。その星って……

街の再生

近年、韓国に限らず、日本でも近代以降の集落を残そうとする活動が盛んになっている。

この甘川文化村もそうで、再開発の計画があったときに、一気に建物群を刷新してしまうのではなく、その街並みを残しながら街をアートしようという発想での再生が進んだ。再開発ではなく街の再生という発想。人が集まり、往き来することで、街を生き返らせる。路地と坂道、連なるような住居群は残された。朝鮮戦争以降、急激に増えた人々によって斜面を駆け上がるように密集した住居の群れ。それは今、屋根や壁の色彩を変え、様々な趣向を凝らし、観光客を迎え入れる生活空間へと生まれ変わった。そして、「美路迷路プロジェクト」や「マチュピチュ・プロジェクト」などの名前をつけたプロジェクトを企画しながら、なお、再生は続いている。

週末には、観光客でいっぱいになる。生活空間に僕たちのようなカメラを持った者たちが入ってくる。だからこそ、節度を持って散策する。（歩）

坂の街にはネコ

お茶する場所こそアート。歩き疲れたら、こんなカフェでゆっくりと

DATA

甘川文化村　감천문화마을

【住所】釜山市沙下区甘川洞一帯
【電話】051-293-3443（コミュニティセンター）
【時間】9時～18時　【休み】なし
【料金】無料（スタンプラリー地図₩2000）
【MAP】P9
【行き方】都市鉄道１号線チャガルチ駅３番出口を出て反対方向へ進み交差点を右折、約100mのマウルバス停から2、2-2番バス乗車。約15分、カムジョン初等学校下車。

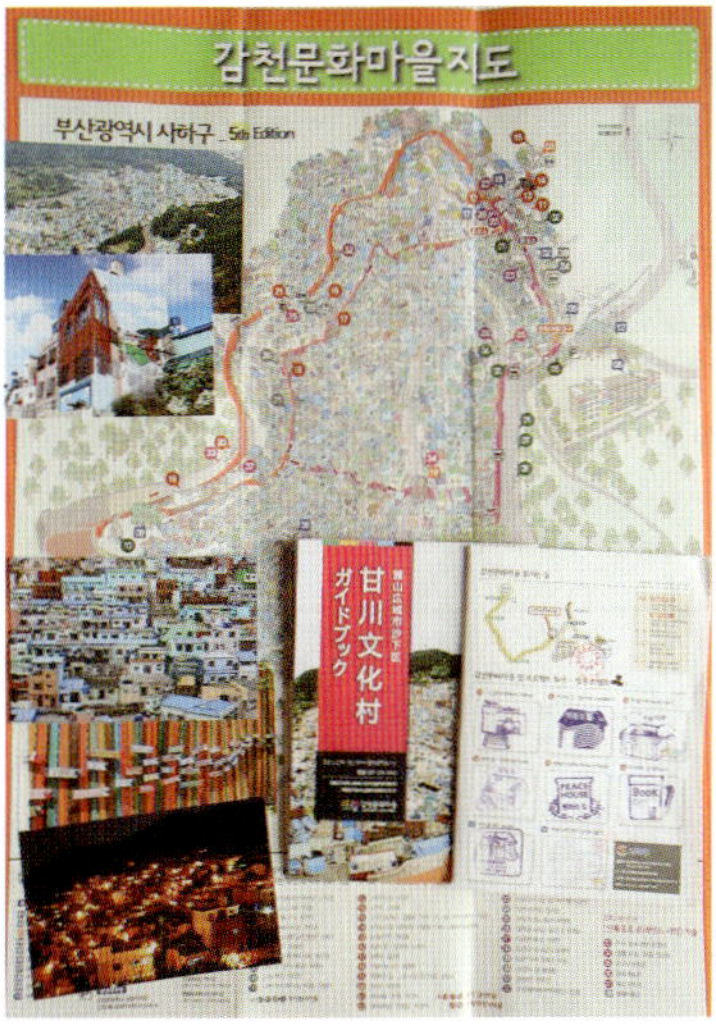

ガイド地図とスタンプラリーの景品の絵はがき

階段だってアートなのだ

テジクッパ

サンドゥンイデジクッパのテジクッパ

釜山のご当地グルメの代表がテジクッパ。テジ（豚）クッ（汁）パッ（飯）で、文字通り、豚骨を煮込んだスープに豚肉とご飯が入ったもの。釜山をはじめ慶尚道地域には店が多いのに、他の地域ではあまり見かけないそうだ。

有名店が数ある中でも、大淵洞《テヨンドン》の「サンドゥンイデジクッパ」は行列が嫌いな韓国人が行列しても食べる店。スープは乳白色。濃厚な旨味とコクがあって、豚骨の臭みが気にならない。肉はトロリと軟らかく、甘くておいしい。この店はスユッペッパンが人気で、客の９割はこれを食べていた。

ハルメクッパのスンデクッパ

松亭３代クッパのスユッペッパン

サンドゥンイデジクッパの行列

西面のテジクッパ通り

凡一洞《ポミルドン》の「ハルメクッパ」は朝鮮戦争当時から続く店。スープが白濁しておらず、半透明なのが特徴だ。豚骨を丸一日煮る店が多い中、この店は3時間ほどだとか。味が薄いわけではなく、豚の旨味だけが出て臭みはないという感じ。上品なスープに対し、肉もスンデ（豚の腸詰め）も、スープからはみ出すほどのボリュームだ。4500ウォンでこのおいしさと食べ応え、伝統は伊達じゃない。

釜山でも特に店が集中しているのが、西面《ソミョン》のテジクッパ通り。ずらっとテジクッパ屋が並び、しかもどの店も混んでいる。店の前には大きな鍋が据えてあり、白濁したスープがぐつぐつ煮えている。「松亭３代クッパ」で、スユッペッパンを注文。ゆで豚肉、スープ、ご飯が別々の器で出てくる。お肉はつやつや、スープは薄めの乳白色でほどよいコク。九州豚骨ラーメンのギトギト感を期待した人には物足りないかも。それぞれの味を楽しんで、でも最後は全部スープに入れて、やっぱりテジクッパにしてしまうのだ。

テジクッパは、朝鮮戦争で北から避難してきた人たちが故郷の味を懐かしみ、スンデクッパの店を開いたことから広まったという。スンデや牛肉より手に入りやすかった豚肉を使ったところ、釜山の人たちにも人気が出たのだとか。

メニューはテジクッパとスユッペッパンが基本。スンデクッパや内臓《ネジャン》クッパがある店も。スープにタデギ（唐辛子とネギなどの合わせ調味料）を混ぜ溶かし、別皿のアミの塩辛とニラキムチを適宜入れて好みの辛さにして食べる。タデギはスプーンに載せてスープに入っていることが多いので、辛さが苦手な人は混ぜる前にスプーンを持ち上げてタデギを減らしておいたほうがよいかも。悠

※店情報は46ページに掲載しています

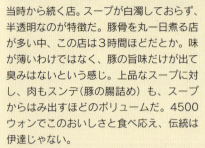

Column

―来て！見て！買って！―
チャガルチ今昔

撮影：2006年5月

道路の上にも商品が並んでいた

市場の主役はやっぱりおばちゃん

戦前戦後の露店街から３階建てのビル、そして 2006年夏に現在の７階建てのビルへ。時代とともにチャガルチ市場は変化してきた。今も昔も変わらないのは、元気で働き者のチャガルチアジメ（おばさん）と新鮮な魚介類。

ピカピカの太刀魚が道路にはみ出していた

撮影：2014～2015年

明るくきれいになった１階の市場

路面店も清潔感アップ。おいしそうな魚

カモメをモチーフにした外観の、現在のチャガルチ市場。レストランやゲストハウス、展望台もある

そのまま鍋に入れられる魚介類セットは今どきな品揃え

【MAP】P10

西門。水門と一体化した構造が美しい

金井山城

금정산성／クムジョンサンソン

時の流れ、川の流れとともに、山城はそこにある。花と紅葉に彩られ、そのふところで酒を醸す。

金剛公園から南門へ

都市鉄道1号線温泉場《オンチョンジャン》駅から温泉街を通って金剛公園《クムガンゴンウォン》へ歩く。途中、無料の足湯も2カ所あり、歩いた後に寄ると気持ちよさそうだ。楼門の望美楼《マンミル》が見えてくる。朝鮮時代の役所である東莱府東軒《トンネブトンホン》付属の建物で、現在の東莱市場付近にあったのを移築したものだが、まるで金剛公園と金井山城の前門みたいだ。望美楼の向こうには東莱パジョンの店が並び、そこを過ぎるとすぐ金剛公園。ここから金井山登山をスタートする人も多い。

金剛公園には、東莱府ゆかりの建物やお寺、記念碑など歴史を感じさせる文化財も多い。春は桜などの花々、秋は紅葉が楽しめる。そして金剛公園といえばロープウェイだ。金井山の麓から海抜540メートル地点まで、5分で連れていってくれる。市街地

ロープウェイから市街地が一望できる

金剛公園

望美楼では小学生が校外学習

紅葉がきれいな南門への道

南門

はもちろん、天気が良ければ海も見えそうだ。
　ロープウェイを降りたら、標識に従って南門《ナムムン》へ。勾配はきつくはないが、道は舗装されていない。紅葉の残る中を下ったり上ったり、25分ほどで南門が見えてきた。直線的な石組みの城門が周囲の丸みを帯びた城壁とは対照的で、いかにも近年修築しました、という感じはする。が、山道を歩いてきてこのシンプルな城門を見ると、安定感があり、なかなか立派に見えるのだ。南門から東へ300メートルくらいのところに、第二望楼がある。そのまま城壁に沿って進めば、1時間ほどで東門《トンムン》へ達するのだが、陽も傾いてきたのでロープウェイで下山。夕暮れの中、街の灯がきらめいていた。

東門から北門、梵魚寺へ

　東門へは温泉場駅からバスに乗る。温泉街を抜けて、バスはぐんぐん登っていく。17分で「東門」バス停に到着。ここからは徒歩だ。石畳の道を上ると6分で東門が見える。11月下旬。かろうじて紅葉が残っている。

　東門はアーチ型の門を持ち、南門より若干高く大きく、両側の城壁が張り出していて造りも精巧。地理的にも、金井山城の主関門であったようだ。標識を確認すると、門をくぐってまっすぐ延びる道は、黒ヤギとマッコリで知られる山城マウルへ行く道。北門《プンムン》への道は右側の山道のようだ。ちょうどそこへ中年男女10人ほどのグループがやって来て、山道のほうへ歩いて行った。

　この日の目的は、東門から北門を経て梵魚寺《ポモサ》まで、カルメッキル7－2区間の前半を歩くこと。東門の

稜線に小さく見える第四望楼・姑堂峰・義湘峰・元暁峰

東門

脇にあるカルメッキルのスタンプ台でスタンプを押して出発だ。

林の中の道で、迷いはしないかとおっかなびっくり歩き出したが、適度に標識やカルメッキルのリボンがあり、安心して歩ける。前夜の雨の影響も気になったが、ぬかるんだり枯れ葉で滑るようなこともない。しばらく歩くと林がとぎれ、両側の景色が見えてきた。左には洛東江《ナットンガン》、右にはセンタムシティの高層ビル群や広安大橋《クァンアンテギョ》。この日は薄く靄がかかっていたが、条件が良ければかなり遠くまで見えそうだ。フォトゾーンの表示のある所で、先行していたグループの人たちに「シャッターを押してほしい」と声をかけられた。外国人が一人で歩いているのを気にかけてくれたようだ。そこからこの人たちと一緒に歩くようになった。

金井山は、一つの山ではなく、801・5メートルの姑堂峰《コダンボン》を最高峰とするいくつかの峰の総称だ。その峰々をつなぐように城壁が築かれている。日本の城壁と違い、韓国や中国の城壁は都市や村を囲む長い壁。この金井山城は18・845キロにわたって高さ1~3メートルの城壁が続く、韓国最大規模の山城だ。

もとは三国時代に築かれたものと考えられている。朝鮮時代、壬辰《イムジン》・丁酉倭乱《チョンユウェラン》（文禄・慶長の役）や丙子胡乱《ピョンジャホラン》（1636年、清が朝鮮に侵入した戦い）を受けて、外敵からの防御のために整備された。東西南北4つの城門と、4つの望楼、将台も造られたが、実際にこの金井山城が外敵に対する戦闘で使われることはなかった。日本統治時代に破壊され、1970年代から復元作業が続けられている。

洛東江と大東華明大橋

紅葉の名所としても知られる金井山は、登山好きの韓国人の間でも、釜山で一番人気の山。特に南門

元暁峰を過ぎると下り坂。急な石段が続く

元暁峰へ上り坂が続く

第四望楼と城壁

から東門を経て北門へは、城壁に沿って尾根線を歩くゴールデンルート。北門からは沢沿いに梵魚寺へ下りる。カルメッキルの7コースがこのルートだ。北門から姑堂峰を目指す登山者も多い。

フォトゾーンから20分ほど歩くと、城壁の上に建物が見えた。一瞬、北門かと思ったが、これは第四望楼だった。先ほど稜線の上に小さく見えていた建物だ。ここで小休止。前方の峰に向かって城壁が延びている。「韓国版万里の長城」と言われると、あまりにも規模が違いすぎて比べるのもどうかと思うが、これはこれでかなり良い景色だ。グループの中の女性が、休憩のたびごとにミカンや豆乳など分けてくださる。ありがたくいただく。

上り勾配が強くなり、木材を埋めて階段を作った道が多くなる。約30分で元暁峰《ウォニョボン》の頂上に到着。687メートル。ここがカルメッキル全コースで最も標高の高いところ。歩いてきた後方に、霞んでいるが、洛東江と影島《ヨンド》と広安大橋が一目で見える。絶景、良い気分だ。

ここからは下り道。途中から大きな石の階段が続き、足下ばかり気にしながら歩いていたが、ふと見ると前方に建物。先ほどの第四望楼よりも小さい。また望楼かと思ったが、これが北門だった。やったー。かなりうれしい。北門は小さく簡素な造りで城壁も低い。だが他の門と違って門楼に上がれる。

北門の奥に見えるのが姑堂峰

同行してきたグループは、ここから姑堂峰へ登るという。一緒に行ってお昼を食べないかと誘ってくれた。ほとんど韓国語も話せない者に対してありがたいお誘いで、心惹かれたのだが、結局お断りしてしまった。姑堂峰までは1キロ。30分くらいで着くはずだが、最後は岩登りだと何かで読んだ気がする。なにしろ日頃歩き慣れてないもので、脚力に自信がない。予定していたカルメッキルのコースを歩きたいという気もするし、梵魚寺で写真を撮りたいので

登山道の梵魚寺側出口

梵魚寺への道は岩の階段

北門。小さく簡素な造りだ

陽が高いうちに着きたい、ということもあった。ちなみに後で確認したところ、姑堂峰が岩登りだったのは何年も前のことで、現在は整備されて、ひたすら階段を登るようになっているそうだ。

ということでまた一人に戻り、キムパッと饅頭で昼食にする。北門の周囲は広場になっている。休日にはオデンの屋台なども出るということだが、平日なので何もない。ただ洗心井《セシムジョン》と名付けられた水場があり、湧き水がおいしかった。

北門から歩き始めて程なく、下りの道は岩だらけの階段状になる。これは岩塊流といい、岩の割れ目に水が入り、凍って解けるを繰り返すことで岩が砕け、倒れた岩が積み重なったもの。韓国語ではトルパダ＝石の海という。岩塊流の下には水が流れており、ときに岩の道と水の流れが交錯する。ここで転んでも誰も助けてくれないと思い、踏み外さないよう一歩一歩慎重に下りていく。歩き出して35分、ちらほらと紅葉が見え始める。木の間に見える瓦屋根は梵魚寺の末寺だろう。あと一息。紅葉が濃くなり、北門から50分、東門からは3時間ほどで梵魚寺に到着。最後まで岩塊流の道だった。こちら側から登る人も多いそうだが、標識がなければ道だと思わないような登山道の出口であった。

東門から西門へ

唯一、渓谷に位置する西門《ソムン》。ガイドブックには、交通不便だとかバスを強引に停めるとか、なんだか大変そうなことが書いてある。だが地図を見ると東門から3キロも離れていない。歩いて行けそうだ。

4月、ふたたびバスで東門へ。桜はまだちらほら。今度は門をくぐってまっすぐ行く。すぐ下り坂になり、視界が開けると山城マウルが見えた。山の中ということで小さな集落を予想していたのだが、小学校もお寺も教会もある立派な町だった。坂を下るほど、桜の開花が進んでいる。

東門から15分でバスが通る道に出た。ここが山城マウルの中心で、金井山マッコリの製造所もある。203番バスの終点を通り過ぎると、道はなだらかに下っている。登ってくるマウルバスとすれ違う。

入口から５分で西門が見える

西門への入口。石の標識がある

山城マウル

橋を渡り、木製の遊歩道を歩く。

山城マウルから15分ほどの所に「西門」と書かれた石の標識があった。その横にちゃんとバス停も立っている。バスの始発は亀浦市場《クポシジャン》、山の西側から来るようだ。都市鉄道2号線の駅からバス1本で来られるということだ。なんだ、簡単じゃないか。

このバス停から細い脇道を行くこと5分で西門が見えた。城門から続く城壁に開いた3つのアーチの下を川が流れている。西門はこの川を遡ってくる敵に対する防御のために築かれたものだという。標高は低いが、重要な関門だったのだ。周囲は芝が植えられ、門の左右が外に向かって四角く張り出していて格好良い。城門と水門を一体化した技術と芸術性に、美しさと力強さが感じられた。悠

DATA

金剛公園《クムガンコンウォン》　금강공원

【住所】東萊区禹長春路155

【電話】051-860-7880

【時間】9時～18時

【休み】なし

【料金】無料（ロープウェイ片道₩5000／往復₩8000）

【MAP】P9、11

【行き方】都市鉄道1号線温泉場駅1・3番出口から徒歩15分

東門《トンムン》　동문

【MAP】P9　【行き方】温泉場駅3番出口向かいのバス停から203番バス、東門下車、徒歩約6分。

南門《ナムムン》　남문

【MAP】P9　【行き方】金剛公園からロープウェイ、下車後徒歩25分。または温泉場駅から203番バス、南門下車、徒歩約50分。

北門《プンムン》　북문

【MAP】P9　【行き方】東門から徒歩約90分。または梵魚寺から徒歩約60分

西門《ソムン》　서문

【MAP】P9　【行き方】温泉場駅から203番バス、終点竹田マウル下車、徒歩約15分。または都市鉄道2号線徳川駅10番出口のマウルバス停から1番バス、西門入口下車、徒歩約5分。

ロープウエイで金井山へ行こう！

山羊とアヒルとマッコリと

ヤギのプルコギ

地下鉄温泉場駅からバスに乗る。めざすのは「金井山城マッコリ村」。山間にある飲食街だ。100軒以上の店があるという。

目当ての店は「ユデガム」。白い壁で、見た目はペンションだ。村はずれにあり、周囲を囲む山の景観に溶け込んでいる。店の前ではアジュンマが二人、話し込みながらニンニクの皮をむいていた。アジュンマの一人が僕たちを見つけて手招きする。誘われるように店に入る。平日の午後２時過ぎ。この時間、客はいない。どこに座ろうかと迷っていると、店の外にある四阿風《あずまや》の席を勧めてくれた。

アヒルの炭火塩焼き

ユデガム

四阿風の客席

金井山マッコリ

そこは下を渓流が流れていて、その対岸の山の斜面が見える場所になっている。吹き下ろす山風が気持ちいい。そして渓流のせせらぎと鳥の鳴き声が風情をかき立てる。

頼んだ料理はフギョムソ（黒山羊）のプルコギ一人前とアヒルの炭火塩焼き。黒山羊のプルコギは400gと書かれていて、二人には十分な量。アヒルは２人前が800gと書かれている。これが一羽なのだろうが、アジュンマは半羽にしてくれる。それでもグラム数から考えれば、たいへんな量なのだが、食べ始めるとぺろりといける。

甘いプルコギの肉にキムチをのせて野菜で巻いて口の中へ。炭火で焼いた黒山羊の肉は、歯ごたえがあり、たれの味と絡んで独特の味わいをもたらし、いい具合についた焦げ目は香ばしさを醸しだす。オリ（アヒル）は、鶏よりは固めの歯ごたえで、こりっとした食感がある。噛めば、炭焼きした塩だれの味に肉自体のこくが沁みだしてくる。エゴマの葉に巻くと特に美味だ。

そして、忘れてならないのが、金井山マッコリ。韓国民俗酒第一号として朴正熙大統領に認定されたマッコリだ。500年前から伝わる麹と金井山の地下水を使い、火入れをしない生マッコリで、賞味期限が短く、鮮度がいのち。さっぱりしてさわやかな味わいがあり、発酵し生きているという感じがする。渉

ユデガム　유대감
【住所】金井区山城路414　【電話】051-517-4004
【時間】10時30分～21時　【休み】なし
【MAP】P9
【行き方】都市鉄道１号線温泉場駅から203バス終点竹田マウル下車、徒歩３分。

東莱ハルメパジョン

パジョン

ジョンとは、さまざまな具材に小麦粉や米粉の生地を絡め卵を入れ、薄く平たく焼く料理。お好み焼きに似た家庭料理であり、韓定食や祭祀料理の一品でもある。その具材に、たっぷりのパ(ネギ)を使ったジョンがパジョンである。

パジョンは東莱の名物料理。朝鮮時代末期に東莱市場で登場し、「パジョンを楽しみに市場に行く」という言葉まで広がったそうだ。その中でも家庭料理とは一線を画すパジョンを提供している店が、創業70年をこえる名店、「東莱ハルメパジョン」なのだ。

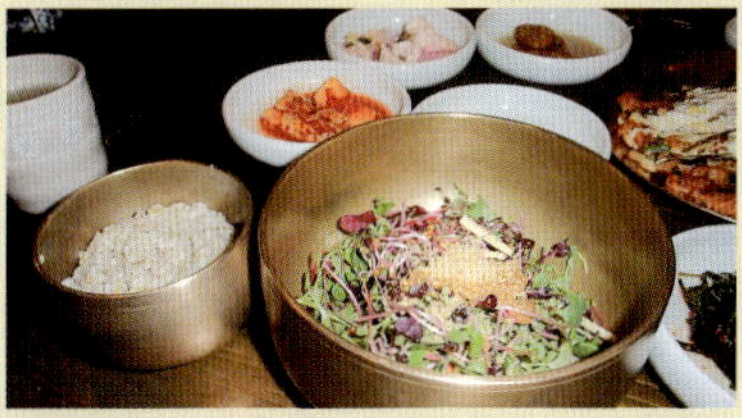
薬膳麦ごはん

トンドン酒

東莱ハルメパジョン

店は一言でいえば、レトロモダン。現代的でシャープな外観でありながら、店内に入れば床や柱、テーブル、韓紙の扉などに風格が宿っている。中央にはガラス張りの調理場。焼く様子を見ることができる。大きな鉄板の上でネギ、ハマグリ、カキ、エビ、貝類、牛肉を広げたり縮めたりしながら生地をまぶし、最後に蓋をして蒸し焼きにする。店のパンフレットには、「アコーディオンを演奏するように諷喩と趣きとリズムがある料理」と表現されている。こんがりとした表面を持ちながら、厚みがあって、ふわりとしている。口に含めばトロッとした生地としゃきっとしたネギの食感。そこに、具材のうま味が沁みだしてくる。東莱のネギと釜山の海産物によって生まれた味わい深い、贅沢なジョンだ。バンチャン(サービスで出される小皿のおかず)の一つひとつも手が込んでいて美しい。金井山で作られた民俗酒のトンドン酒が、これまたパジョンにはよく合う。

もう一つ気にいったメニューが薬膳麦ご飯(ヤッソンポリパッ)だ。ご飯は麦100%。豊富な野菜とビビンバにして食べる。コチュジャンではなくテンジャンで混ぜ合わせるのが珍しい。しみじみとした味わいがあり、ほっとした気分になる。この気分も薬膳効果なのだろう。渉

東莱《トンネ》ハルメパジョン　동래할매파전

【住所】東莱区明倫路94番ギル43-10

【電話】051-552-0791～2　【時間】12時～22時

【休み】月曜、旧正月・秋夕の当日　【MAP】P11

【行き方】都市鉄道４号線寿安《スアン》駅５番出口直進徒歩５分。東莱区庁南隣。

西将台へ続く城壁。カササギが止まっていた

東莱邑城

동래읍성／トンネウッソン

東莱はかつて釜山の中心地だった。城壁を歩けば、あたりを包む夏草にも、東莱府と呼ばれた時代の名残を感じる。

福泉博物館から

福泉博物館《ポッチョンパンムルグァン》は馬鞍山《マアンサン》の懐に抱かれるように建っている。外観は石を組み上げた城塞を連想させる。東莱から発掘された約2000年前からの遺跡や三韓時代の弁韓の遺跡、伽耶時代の遺跡が展示されている。土器、青銅器も豊富だが、時代や地域による墳墓の形の変遷や甕棺墓の日本との違いが興味深い。

また、衣装や甲冑を着せた人体模型やミニチュアの展示が多いのもうれしい。フォトコーナーでは、子どもに王族の衣装を着せ写真を撮っている家族もいて、気楽に楽しむこともできる。

丘陵を上る傾斜の道を挟

北門から見た博物館と福泉洞古墳群と科学公園

東莱郷校

西将台

北門

んで博物館の対岸に福泉洞古墳群がある。4世紀から5世紀にかけての支配者層の墓とされる。併設の野外展示館では埋葬当時の状態が見られる。小高い古墳は芝生がきれいで、遊歩道も作られ、近所の人の憩いの場にもなっている。

東莱邑城へ

博物館を出て、傾斜の道を上れば東莱邑城の北門に出る。その手前、東莱邑城歴史館に立ち寄る。ここには、教科書にも掲載されていた壬辰倭乱（文禄の役）を描いた「東莱府殉節図」のレプリカが展示されている。また、かつての東莱邑城のジオラマが作られていて、いにしえへの想像がかき立てられる。

東莱邑城。原型は高麗時代に作られたと考えられる。1387年に修築された邑城は、壬辰倭乱の激戦地となった後、18世紀の初めに規模を拡大して修復。しかし、日本統治時代の市街地計画により平地の城壁は取り除かれ住居化されてしまう。現在、見られるのは、山地の城壁と北門、人生門、北将台、西将台である。北門からは博物館、福泉洞古墳群を望むことができる。さらに、小高い山の間を縫って家々が立ち並び、傾斜地に立つマンション群も眺望できる。北門のそばにある蒋英実《チャンヨンシル》科学公園は、かつての天文観測儀の模型が配置されていて、楽しい。

ここからは山頂に築かれた北将台へと続く城壁と、西に緩やかに降りてゆく西将台への城壁が築かれている。西将台への道はウォーキングする人や犬を散歩させる人が行きかっていた。木々に囲まれた西将台では、どこでも見かけるアジュンマたちが談笑していた。

平地に降りれば、東莱郷校《ヒャンギョ》に至る。郷校の外は喧噪の現代。少しの間だけ別の時間にいたような気がした。（歩）

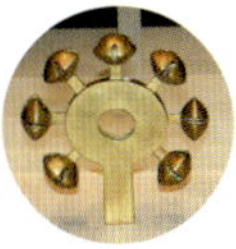

博物館のシンボル
七頭鈴

DATA

福泉博物館《ポッチョンパンムルグァン》　복천박물관

【住所】東莱区福泉路63
【電話】051-554-4263～4
【時間】9時～20時（入場19時まで）
【休み】1月1日、月曜（祝日の場合は翌日休館）
【料金】無料　【MAP】P11
【行き方】都市鉄道1号線東莱駅4番出口向かいのバス停からマウルバス6番、福泉博物館下車。

お寺へ GO! ❶

梵魚寺

金井山の中腹にある梵魚寺は、市内で最も有名なお寺。
アクセスのしやすさから観光地としても人気だ。

梵魚寺独特の一柱門。正式名は曹渓門という

一柱門

梵魚寺《ポモサ》駅からバスで10分、降りて5分も歩けば一柱門。このアクセスの良さは、韓国のお寺では珍しい。

一柱門は俗世と寺域を隔てる門。ここから先は寺院の境内となる。一柱門といっても、柱一本で立っているわけではない。真横から見ると柱が重なって一本だけに見えることから一柱門という。日本では見られない韓国の寺院特有の建築物だ。そして多くは、厚みのない門に対して不釣り合いなほど大きな屋根が乗っている。そのため、2本の柱が左右の壁と一体化していたり、細い柱がつっかえ棒のように屋根を支えていることが多い。しかし梵魚寺の一柱門は独特で、柱が4本並び、しかも石の土台と柱だけで立っている。柱は短く、手を伸ばせば届くほど門は低い。そして「禅刹大本山」「金井山梵魚寺」の2枚の扁額が横広さを感じさせる。

梵魚寺は新羅時代678年、義湘《ウィサン》大師によって、華厳十刹の一つとして創建された。朝鮮時代の地理書『東国輿地勝覧』に、このちょっと変わった寺名

普済楼の下をくぐって境内へ

ユーモラスな四天王

天王門

の由来が記されている。山の尾根の石の上には金色の水が満ちて涸れることのない井戸があり、そこへ天から五色の雲に乗って金色の魚が降りてきて遊んだことから、「金の井戸の山の梵天の魚の寺＝金井山梵魚寺」と名付けられた、と。朝鮮時代初期の仏教弾圧では廃寺の憂き目を見ている。その後復興したが、この寺も韓国の多くの寺と同様、壬辰・丁酉倭乱（文禄・慶長の役）で焼失し、現在の建物は、17世紀以降に再建されたものだ。現在は禅宗の曹渓宗《チョゲジョン》の八大叢林《そうりん》の一つとなっている。梵魚寺のホームページによると、叢林とは、座禅修行道場である禅院と経典教育機関である講院と戒律専門教育機関である律院を備えた寺刹を指し示す言葉、だそうだ。

境内へ

一柱門をすぎると、天王門、不二門と続く。これは多くの寺に共通の配置だ。天王門には四天王が祀られているのだが、日本の寺院の四天王が邪鬼を踏みしめ、力強く険しい表情をしていることが多いのに対し、この四天王はぎょろ目でユーモラス。天王門は２０１０年に火災で全焼したが、現在は再建されている。

参道の先は、普済楼《ポジェル》という楼閣の下をくぐるように階段が造られている。これも山の斜面に建てられた韓国の寺院で時折見られる構造だ。登ると正面の階段の上に大雄殿、境内には新羅時代から残る三層石塔や石灯をはじめ、観音殿、毘盧殿、地蔵殿などいくつもの殿閣が立ち並ぶ。その先は二つの渓谷に沿って末寺が点在し、左は金井山城の北門へ、右は金井山の最高峰、姑堂峰《コダンボン》へと登山道が続いている。そのためか、登山スタイルの参拝客を多く見かける。

また、韓国の寺院建築物は八作《パルジャッ》という、日本でいう入母屋屋根が多いのだが、梵魚寺の殿閣は切妻屋根が多いのも特徴といっていいだろう。

韓国の寺で、日本の寺との違いを強く感じるのは、色彩が派手、ということだ。これは丹青《タンチョン》と言い、陰陽五行思想に基づく青赤黄白黒の五色とその中間色を用いて、屋根の裏や梁を文様で埋め尽くす。色と形の美しさはほれぼれと見とれるほど。その派手な

大雄殿

丹青が鮮やかな弥勒殿と毘盧殿

色彩が、周囲の山の緑にとけこむのだ。さらに初夏には天然記念物の藤の群落が、秋には金井山の紅葉が彩りを添える。

梵魚寺では、週末にテンプルステイも行われている。礼仏や参禅などの他、金井山登山や茶礼など体験型コースも用意され、外国人にも人気だ。悠

創建当初から伝わる三層石塔

釈迦誕生日の提灯。寺名の由来の金の魚

立ち並ぶ殿閣。後ろの山は金井山

梵魚寺は紅葉の名所

DATA

梵魚寺《ポモサ》 범어사
【住所】金井区梵魚寺路250
【電話】051-508-3122
【時間】9時～18時
【休み】なし　【料金】無料　【MAP】P9
【行き方】都市鉄道1号線梵魚寺駅5番出口と7番出口の間の道を徒歩3分、バス停から90番バス、梵魚寺下車。

麺といえば……

見た目も涼しげ、ハルメガヤミルミョンのミルミョン

ミルミョン

南浦洞《ナムポドン》にある有名店「ハルメガヤミルミョン」に行く。スープは透明な茶色。その中に黄色味を帯びた麺。キュウリの緑と赤いタレ、ゆで卵の白と黄色、それに豚肉の色が加わり爽やかな見た目。さっとかき混ぜ口に含めば、甘辛さに酸味も加わり清涼感がのどを走る。西面にある有名店「春夏秋冬」は食事時には2階席まで埋まる人気店。やや濃いめのスープからはほのかに韓方の匂いがする。

どの店もスープがかかったミルミョンと赤く辛いタレと絡めるビビンミルミョンの2種類がある。朝鮮戦争当時、北からの避難民が故郷の冷麺《ネンミョン》を思って、ソバ粉の代わりに救援物資の小麦粉を使って作ったのが始まり。それが定着し、他の地方ではあまり見かけない釜山を代表する麺になった。

春夏秋冬のビビンミルミョン

エビ、イカたっぷり、上海灘のチャンポン

王家のチャジャンミョン

ムール貝が贅沢な、香港飯店のチャンポン

韓国な中華麺

韓国独自の中華料理がチャジャンミョン。ドラマでよくお目にかかる。黒いタレがたっぷりかかり、一見ミートソースのよう。だが、中華。でも、中国の炸醤麺と同じなのは名前だけ。黒味噌ベースの甘いタレに麺をしっかり絡めて食べる。その甘さが幸せな気分にさせる。老いも若きも大好きな韓国の国民食だ。4月14日はブラックデーといって、恋人がいない人がチャジャンミョンを食べる習慣もある。傷を癒やすのか。

もう一つ、独自の中華がチャンポン。エビ、イカ、貝などの海鮮と野菜が入る麺料理で、確かにチャンポンなのだが、スープが赤くて辛い。注文すると、辛いけれど大丈夫かと聞く店もあった。海鮮のだしが効いた、韓国チャンポン。くせになる。歩

ハルメガヤミルミョン　할매가야밀면
【住所】中区光復路56-14　【電話】051-246-3314
【時間】9時～21時30分　【休み】なし　【MAP】P10

春夏秋冬《チュナチュドン》　춘하추동
【住所】釜山鎮区西面文化路48-1
【電話】051-809-8659　【時間】11時30分～22時
【休み】旧正月・秋夕の当日　【MAP】P11

上海灘《サンヘタン》　상해탄
【住所】中区大瀛路243番ギル53
【電話】051-465-5560　【MAP】P10

王家《ワンガ》　왕가
【住所】中区光復路55番ギル6-1
【電話】051-246-0456　【時間】11時30分～21時30分
【休み】月曜　【MAP】P10

香港飯店《ホンコンパンジョム》 0410（蓮山洞駅店）
홍콩반점 0410
【住所】蓮堤区中央大路1124
【電話】051-861-0410
【時間】11時～23時40分（支店によって違う）
【休み】旧正月・秋夕（年中無休の支店あり）
【MAP】P9
【行き方】都市鉄道1号線蓮山駅16番出口直進、約1分。

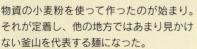

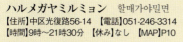

ナッチポックン。茹でる前

赤くなったら、いざ、口へ

ヘムルチム

焼き魚定食。お店の前で焼いているのを選ぶ

セポックンやナッチとホルモンが入ったナッコッポックンなどもあるが、タコを味わうならナッチのみがいい。

海鮮といえば、チャガルチ。チャガルチ市場はビル。１階で魚を選んで２階に上がって食べるのもいいが、市場の近くに広がる場外の店で食べる焼き魚もおいしい。ずらりと並んだ魚の露店売りの中に、食事ができる店構えの所がある。店の外で焼いている魚は、太刀魚、イシモチ、カレイ、サバ、メバル、赤魚など。食べたい魚を指さして入れば、焼き魚定食にしてくれる。もちろん店の中にメニューが貼られていて、刺身を頼んでいる人やメウンタンを食べている人もいる。熱い鉄板で焼き上げるので、外はかりっと中はふっくら焼き上がり、実においしい。歩

クン海物天地《ヘムルチョンジ》 큰해물천지

【住所】中区光復路10-2
【電話】051-245-2353
【時間】11時30分～翌6時
【休み】なし　【MAP】P10

アヘ 아해

【住所】沙上区広場路82
【電話】051-316-1616
【時間】12時～22時30分
【休み】祝日　【MAP】P9
【行き方】都市鉄道２号線沙上駅２番出口すぐ。

ケミチプ（西面店） 개미집

【住所】釜山鎮区新川大路62番ギル73
【電話】051-819-8809
【時間】24時間
【休み】なし
【MAP】P11

海物《ヘムル》な気分

釜山は港町。新鮮な魚と貝。と、くれば刺身、というのもわかるけれど。とにかく海鮮天国なのだ。まず貝料理。店の名は、そのまま「クン海物天地」。富平洞のチョッパル通りにありながら、海鮮で挑戦している店だ。料理は「チョゲジョンゴル(貝鍋)」。四角いステンレス鍋の中は、あさり、ムール貝、タイラギ、ハマグリ、ホタテや名前も知らない貝類、そしてイカ、カニ、エビ。貝から出たうま味の沁みたスープの中に溢れるように盛られている。2人前、3人前、4人前、幸福コースと人数が増えるに従って、タコ、アワビが加わっていく。火にかけられ、ぐつぐつしたら、煮すぎないところで食べる。海の香りに包まれる。コチュジャンの赤いスープではない、貝汁の味。酢醤油か酢が入ったコチュジャンをつけだれにして食べる。ひとしきり食べたあとは、コンナムル(大豆もやし)を入れてビビンバにすることもできれば、細うどんに似たククスを頼んでスープに入れてもいい。味、量ともに満足できる。

迫力のチョゲジョンゴル

ヘムルタン

魚介のだしが効いた赤いスープの鍋が食べたくなったら、「ヘムルタン」。イカ、タコ、タラ、カニ、貝類がお互いの味を打ち消し合わずに、引き立て合う。店によってはアワビかトコブシが浮かんでいることもある。スープを一口、だし味を堪能したら、豪快に食べる。

同じ魚介でも、それを鍋の汁の中に入れずに野菜と一緒に蒸し煮にした料理が「ヘムルチム」。蒸すといっても蒸気で蒸す餃子などとは違い、炒めた後、ふたをする料理などもチムという。皿に盛られた野菜の上に魚介が並ぶ。店員がそれをハサミで食べやすい大きさに切り分けてくれる。タコ、イカ、カニ、エビ、タラ、白子が、コンナムルなどの野菜と一緒に赤いヤンニョムで和えられている。辛さの中にある甘さ。そして海鮮の匂いと味。目の前で切り分けてくれるパフォーマンスも含め、タンやチゲなどの鍋とはまたひと味違う海鮮を楽しめる。締めはポックンパッ(焼きめし)がおいしい。沙上の駅前にある「アヘ」は、人気店で順番を待った。ヘムルタンよりヘムルチムがおいしいという声も聞く。夏は、鍋よりいいかもしれない。

数種類の魚介を食べるのもいいが、釜山なら「ナッチポックン」が外せない。手長タコが鍋の中で踊る料理だ。タコが茹だって赤くなる。この新鮮なタコのプリプリ感は、くせになる。ナッチとエビが入ったナッ

40 階段・宝水洞チェッパンコルモッ・釜山タワー（左から）

釜山の坂めぐり

龍頭山公園

釜山のランドマーク、釜山タワーがある公園。船から釜山タワーが見えれば、到着したと実感する。

司馬遼太郎が『街道をゆく』の取材で韓国を訪れたのは1971年のこと。彼は釜山を訪れる目的の一つに、「倭館の痕跡をみたい」ということを加えていた。ところが、「倭館」にはたどり着けなかった、と思っていた。龍頭山公園《ヨンドゥサンゴンウォン》には行く。そして李舜臣《イスンシン》の銅像を見て、歴史に思いを馳せたのだが。「倭館」をめぐる章の最後、彼は「帰国してから調べてみると、うかつなことにこの竜頭山はなんと対馬藩の倭館の構内だったことを知った。」と書いている。江戸時代に「草梁倭館《チョリャンウェグァン》」という日本の在外公館が置かれた敷地であり、多くの日本人が居留した場所。気づかないままに、司馬はそこに立っていた。

龍頭山公園という名は、この小高い丘が、海から陸

釜山タワーから見たチャガルチ市場

168階段（イバグギル）

小学校の塀（イバグギル）

北側のなだらかな坂道もいい（龍頭山公園）

地に上がってきた龍の頭に似ているところから付いたという。公園には南浦洞からエスカレーターで行ける。まず、壬辰・丁酉倭乱で水軍を率い日本軍を破った救国の英雄李舜臣の銅像に迎えられる。美しい花時計を含め、手入れが行き届き清潔な公園を歩く。手招きされるように釜山タワーに。120メートルの高さをエレベーターは一気に上る。展望台は360度のパノラマ。アジア有数の港だけに船舶の数が多い。海に面して立ち並ぶ港湾施設。そこから街は、斜面を駆け上るように山肌を覆っていく。海風と山風に乗って、街の喧騒が聞こえてくるようだ。

公園には、将棋や碁に興じている老人や、語らう人々。市民の憩いの場なのだ。夜にはタワーはライトアップされる。釜山の夜景も傾斜と路地を持つ港町ならではの密度の濃さがある。歩

40階段

地下鉄中央駅のすぐ近くに、「40階段」と呼ばれる階段がある。朝鮮戦争当時、避難民が生き別れた家族を探した場所だ。坂の上のバラックから毎日この階段を降りて職場へ通い、あるいは駅や港へ家族を探しに行ったという。

現在は、大通りから40階段へ続く道が、40階段文化観光テーマ通りとして整備されている。汽車の線路と踏切、ポン菓子作りのおじさんやアコーディオンを弾く人などの銅像が、当時を偲ばせる。40階段を上った通りには40階段文化館もあり、避難生活の様子を垣間見ることができる。悠

草梁イバグギル

「168階段」を含む、釜山駅から山腹道路までの1キロちょっとの道が「草梁イバグギル」だ。「イバグ」は「話」という意味の方言で、「物語が隠れている道」という意味で名付けられた。

釜山駅の向かいから山の方へ向かう。足跡のマークが目印だ。右に見えてくる赤レンガの建物は旧百済《クベッチェ》病院。釜山市の近代建築物に指定されている。草梁小学校の塀には、昔と今の釜山駅や釜山港な

店構えにも個性がある

宝水洞古本通り。ゆるやかな坂道

転げ落ちそうな急坂（イバグギル）

ど、街の歴史が描かれ、まるでギャラリー。そこをすぎると道は上り坂になり、168階段が現れる。長いし、けっこう急で、見ただけでため息が出る。紀行番組「世界ふれあい街歩き」（2013年・NHK）では、元気に登っていく小学生にスタッフが付いて行けなかったが、カメラを抱えたままでは当然だろう。階段の上は急な坂道。登るのも大変だが、下りるのも怖い。ころんだらそのまま転げ落ちるんじゃなかろうか。

イバグギルを登りきると山腹道路。ここからバスに乗って街へ下りられる。さらに坂を登ると忠魂塔《チュンホンタッ》のある中央公園《チュンアンゴンウォン》。釜山の港と街が一望できる。（悠）

宝水洞《ポスドン》チェッパンコルモッ（古本通り）

釜山で古本？　韓国語も覚束ないのに。いやいや、それは気にする必要がない。もちろん、本を探しに出かけてもよいのだが、何より路地歩きの楽しさを味わえる。

国際市場を北へ抜け、大庁路の大通りを渡れば、積み上げられた本の間に路地が見える。吸い込まれるようにそこへ。二人並べばいっぱいの道幅。アーケードに漂うのは古書の匂いか。その路地を抜ければ、車も通るやや広い道に出るが、ここも古本通りの続きだ。ひたすら本を積み上げた店、かわいらしく飾った店、シックな雰囲気の店などなど、意匠を凝らした古書店が40軒ほど並ぶ。雑誌、絵本、辞書。眺めながら歩けば、洒落た喫茶店やブックカフェもある。階段があったり、絵が描かれた壁があったり、坂の上に教会が現れたり。足下を見れば、路面に本のデザインのパネルがはめ込まれている。本を探している人もいるが、カメラ片手にフォトスポットを探している人もいる。

この古本通りは、1950年の朝鮮戦争以後、北朝鮮から避難してきた夫婦が、アメリカ軍部隊からの雑誌やマンガ、集めた古本などを露店で売り始めたことをきっかけに誕生したといわれている。70以上の書店が並んでいたときもあったという。国際市場で帰らずに、あと一歩、山の手に足を延ばして散策すれば、ひと味違う釜山の路地に出会える。（歩）

Column

釜山新名所
影島大橋

橋は75度まで上がる

南浦洞地区と対岸の影島を結ぶ影島大橋は、韓国唯一の跳開橋（跳ね橋）だ。１日１回15分間、橋の南浦洞側が上がるというので行ってみた。

まだ30分前だというのに、歩道にはすでに大勢の人。年配者が多い。一緒に並んで待っていると、大邱《テグ》の老人会の一行が観光バスでやって来た。噂にたがわぬ人気ぶりだ。

時間になると車の通行が止められ、遮断機が下りる。歩道にいた人たちは車道に出てカメラを構える。歓声とともに、ゆっくりゆっくり橋が立ち上がっていく。215mの橋のうち、上がる部分は31.3m。路面に描かれたカモメが舞い上がっていくようだ。４分ほどで、最大の75度まで立ち上がった。太陽を背にかなり迫力がある。見物客は皆、写真撮影に夢中。係のおじさんにグループ写真を撮ってもらう強者も。皆が満足したころに、また4分ほどかけて橋はゆっくり下がっていった。

影島大橋が架けられたのは1934年。大型船の通行の妨げにならないよう跳開橋として造られ、1966年まで、１日数回跳ね上げられていた。当時も見物客が集まっていたというから、今見に来ているお年寄りには、昔の姿を知っている人も多いのだろう。朝鮮戦争中には、避難民が離ればなれになった家族と待ち合わせる場所としても知られ、その切ない様子が多くの歌や映画に描かれている。

やがて交通混雑を招くことと、影島への水道管の管理を理由に、跳開機能は使われなくなった。さらに老朽化のため撤去計画が持ち上がったが、影島大橋の歴史・文化的評価の高まりを受け、復元が決まった。2013年11月、車道も歩道も拡がって再開通し、それに伴って47年ぶりに跳開機能も復活したのだ。

チャガルチ市場や釜山タワーなど、橋の上からの眺めも良い影島大橋、新たな観光名所となっている。悠

影島大橋《ヨンドデギョ》　영도대교

【跳開時間】毎日14時から15分間
【MAP】P9、10
【行き方】都市鉄道1号線南浦駅6番出口徒歩2分。

店先でチョッパルを切る

あれを食べようかな。

基本的なチョッパルとネンチェチョッパルだけで勝負する老舗に対し、新興店はオリジナルメニューで対抗しているようだ。韓方煮込み、海鮮ネンチェ、辛いネンチェといろいろ。バンチャンも、種類が多いところもあれば鍋を出すところもある。何度訪れても違う味が楽しめるところが、チョッパル通り全体でリピーターを引きつける秘訣なのかも知れない。

中央洞チュクミ通り

こちらは路地といってもよい、細い通り。チュクミ専門店が集まっており、店先で、チュクミを練炭で網焼きするにおいが客を呼ぶ。

今回、入った店は「シルビチッ」。チュクミクイは、イイダコにピリ辛ダレをまぶして焼いたもの。赤い。辛いが、辛すぎるほどではなく、香ばしくて酒のつまみにぴったり。マヨネーズをつけると、まろやかになって食べやすい。ピンデトッ（緑豆のお焼き）を頼むと、店のおばちゃんが「2人では多いから」と言って半分にしてくれた。もちろん値段も半分。親切がうれしい。

ちなみに、この通りでシルビチッとともに、地元人気を二分している店が「トゥンボチッ」。釜山市の広報紙によると、濃い味付けが好きならトゥンボチッがおすすめとのこと。悠

チュクミクイ

チュクミ通り。店先でチュクミを焼く

釜山《プサン》チョッパル　부산족발

【住所】中区光復路17-1
【電話】051-245-5359
【時間】9時～翌2時
【休み】なし　【MAP】P10

タダチョッパル　다다족발

【住所】中区富平2ギル5
【電話】051-245-0631
【時間】9時～翌3時
【休み】なし　【MAP】P10

シルビチッ　실비집

【住所】中区海関路22-8
【電話】051-245-6806
【時間】11時30分～23時
【休み】日曜　【MAP】P10

名物食べ物通り

チョッパル通り

チョッパル通り

豚の足といっても、日本で食べる豚足《とんそく》とはかなり違う。韓国のチョッパルは、スネの部分の肉をゆでたり煮込んだりしてスライスしたもの。一見、焼豚のようだ。チョッパルは全国的に食べられるものだが、釜山発祥の料理が冷菜《ネンチェ》チョッパルだ。

富平市場の南端、チョッパル通りは、何軒あるのかわからないほどチョッパル屋の看板がひしめいている。店の入口に豚足を積み上げてその場でスライスする様子が、ガラス越しに見える店も多い。

チョッパル

ネンチェチョッパル

ネンチェチョッパルの元祖が「釜山チョッパル」。食事時には行列必至という人気店だ。ネンチェチョッパルは、スライスしたチョッパルとキュウリなどの冷菜を、酢と醤油と辛子などのタレで和えたもの。唐辛子ではなくマスタードというのが、韓国では珍しい味付けだ。冷やし中華の麺をチョッパルに変えた、という感じで、さっぱりして食が進む。豚足の臭みなどは全くない。チョッパルとキュウリは、薄切りと千切りの２種類に切ってあり、食感の違いも楽しめる。周りを見渡すと、昼間だというのにご飯を食べる人はおらず、皆ビールか焼酎。チョッパルというのは酒のつまみとして適しているらしい。

ネンチェではないチョッパルも食べてみようと、「タダチョッパル」へ。ここはバンチャンの種類が多く、いなり寿司まで出てきてびっくり。チョッパルはきれいに盛られ、つやつやでいかにもコラーゲンたっぷりという感じがする。しつこさはなく、肉の旨味がひろがる。スライスの下に蹄《ひずめ》が隠れていた。ほんのり香辛料がきいておいしい。

この店は、ビビム（混ぜ）チョッパルと辛いチョッパルというオリジナルメニューもある。だが一番人気は、メニュー板には載ってないが、壁に張り紙のある「王タコビビムチョッパル」のようだ。隣の４人家族のテーブルに、大皿に盛られた料理とともにビニール手袋が１組運ばれてきた。皿の上にはスライスしたチョッパルとタコ、千切りのキャベツにマックッス（ソバ粉の麺）など。赤いタレは酢コチュジャンベースだろうか。さっそく手袋をした娘さんが混ぜはじめる。豪快で楽しそう。次は

舗装されてない道も多い。金井山で（7-2 区間）

カルメッキル

갈맷길／カルメッキル

韓国でも歩く観光が人気だ。整備されたルートとして、よく知られているのは済州島の「オルレ」だろう。「九州オルレ」として日本にも進出している。そして釜山のウォーキングコースが「カルメッキル」。「カルメギ=カモメ（釜山の市の鳥）」と「キル=道」の合成語だ。9コース20区間が整備され、総距離は263・8キロ。海岸沿いの道、山歩きの道、川沿いの道といろいろ楽しみながら、釜山の主な観光地を回るように設定されている。

観光案内所でもらえるコースのガイドマップは5枚1組。外国人観光客に人気の海雲台《ヘウンデ》や龍頭山公園・チャガルチ市場などを通る、2と3コースの分だけ日本語版や英語版がある。他は韓国語版のみだが、平面図は航空写真を利用しているので、建物や船、港に並ぶコンテナやクレーンまで丸見え。高低図に交通機関の案内や所要時間も書かれているし、コース沿いの見所も写真入りで紹介してあり、見るだけでも楽しいガイドだ。

こういうコースにつきもののスタンプラリーがカルメッキルにもある。だいたい各区間の出発点・中

標識いろいろ。道標の他、歩道や木にも

間点・終点にスタンプ台が設置されている。

スタンプ帳もあり、正式には「旅行者手帳《ヨヘンジャスチョッ》」というのだが、これは観光案内所には置いてない。釜山の市庁・区庁・郡庁の総務課を訪ねるのは、韓国語のできない旅行者にはハードルが高い。そこで市庁1階ロビーの観光案内カウンターへ。「カルメッキル・スタンプ・ノート」と言うと、スタンプ帳とガイド本がもらえた。スタンプは1区間3カ所のスタンプを合わせて一つの絵ができるようになっている。手帳にあるガイドラインに合わせて押してゆくと、けっこうきれいに絵ができていく。これもまた楽しいものだ。

地図には各経由地点間の所要時間が書かれているが、これはほぼ歩くだけの時間。休憩や写真撮影の時間も考えると、2割から4割増しで見ておいた方が良さそうだ。食事と観光の時間はもちろん別だ。

旅行者手帳によると、カルメッキルの利用時間は午前8時から午後6時（冬季は5時）まで。整備されたコースとはいえ、特別に街灯や防犯カメラが付いているわけではないので、日没までには交通機関のあるところへ戻りたい。

短期の旅行者が1区間歩くとすれば、オススメは2-1区間だろう。海雲台近くの5・7キロ、高低差もほとんどなく、2時間ほどのコース。海雲台海水浴場や広安大橋の眺めも良さそうだ。悠

5枚組の地図と日本語版地図

旅行者手帳。左がスタンプ帳

景観地にはフォトゾーンの表示がある。東門で

カルメッキル　コース案内

コース	区間	距離	所要時間	難易度
	スタート～主な通過地点～ゴール　（ⓢはスタンプ設置箇所）			
1コース 33.6km 10時間 ★★	1-1	12.2km	4時間	★
	林浪海水浴場ⓢ～七岩派出所～水産科学研究所～日光海水浴場ⓢ～機張体育館～機張郡庁ⓢ			
	1-2	21.4km	6時間	★★
	機張郡庁ⓢ～竹城湾～大辺港～五郎台～海東龍宮寺ⓢ～松亭海水浴場～ムーンタンロードⓢ			
2コース 18.3km 6時間 ★	2-1	5.7km	2時間	★
	ムーンタンロードⓢ～海雲台海水浴場～冬柏島（ヌリマルAPECハウス）ⓢ～民楽橋ⓢ			
	2-2	12.6km	4時間	★★
	民楽橋ⓢ～広安里海水浴場～二妓台～オウルマダンⓢ～五六島遊覧船船着場ⓢ			
3コース 37.3km 13時間 ★★	3-1	11.5km	4時間	★★
	五六島遊覧船船着場ⓢ～神仙台～ＵＮ記念公園ⓢ～釜山外国語大学校～釜山鎮市場ⓢ			
	3-2	15.8km	5時間	★★
	釜山鎮市場ⓢ～甑山公園～草梁聖堂～龍頭山公園ⓢ～国際市場～チャガルチ市場～南港大橋ⓢ			
	3-3	10.0km	4時間	★★
	南港大橋ⓢ～絶影海岸散策路～中里海辺ⓢ～甘池海辺散策路～太宗台展望台ⓢ～太宗台遊園地入口			
4コース 36.3km 13時間 ★★	4-1	13.0km	4時間	★★
	南港大橋ⓢ～松島海水浴場～松島海岸ボルレギル～岩南公園入口～頭島展望台ⓢ～甘川港ⓢ			
	4-2	12.5km	5時間	★★
	甘川港ⓢ～頭松半島展望台ⓢ～没雲台ⓢ			
	4-3	10.8km	4時間	★★
	没雲台ⓢ～多大浦海水浴場～応峰烽火台入口ⓢ～洛東江河口堰ⓢ			
5コース 42.1km 13時間 ★★★	5-1	22.0km	6時間	★★
	洛東江河口堰ⓢ～乙淑島～鳴旨オーシャンシティ～新湖大橋～新湖港ⓢ～天加橋ⓢ			
	5-2	20.1km	7時間	★★★
	天加橋ⓢ～煙台峰ⓢ～大項船着場～魚音浦～トンソン防潮堤～チョンゴ生態村～天加橋ⓢ			
6コース 36.2km 11時間 ★★★	6-1	13.2km	4時間	★
	洛東江河口堰ⓢ～洛東江サムナマダンⓢ～三楽生態公園～三楽I.C.～亀浦駅ⓢ			
	6-2	23.0km	7時間	★★★
	亀浦駅ⓢ～白楊トンネル～雲水寺～仙岩寺ⓢ～聖知谷水源地（子ども大公園）ⓢ			
7コース 22.3km 9時間 ★★	7-1	9.3km	4時間	★★
	聖知谷水源地（子ども大公園）ⓢ～万徳峠～南門ⓢ～東門ⓢ			
	7-2	13.0km	5時間	★★
	東門ⓢ～北門～梵魚寺ⓢ～老圃洞高速バスターミナル～スポワンパーク～サンヒョン村ⓢ			
8コース 17.2km 5時間 ★	8-1	10.2km	3時間	★★
	サンヒョン村ⓢ～五倫台ⓢ～回東水源地～トンデ橋～東川橋ⓢ			
	8-2	7.0km	2時間	★
	東川橋ⓢ～ウォンドン橋～水営４号橋ⓢ～左水営橋～APECナル公園～民楽橋ⓢ			
9コース 20.5km 6時間 ★★	9-1	11.5km	3時間	★★
	サンヒョン村ⓢ～長田２橋～鉄馬橋ⓢ～宝林橋～耳谷村ⓢ			
	9-2	9.0km	3時間	★★
	耳谷村ⓢ～モヨン亭ⓢ～機張郡庁ⓢ			

カルメッキルマップ

歩く観光で桜を楽しむ。ムーンタンロードで（1-2 区間）

スタンプ台。東門で

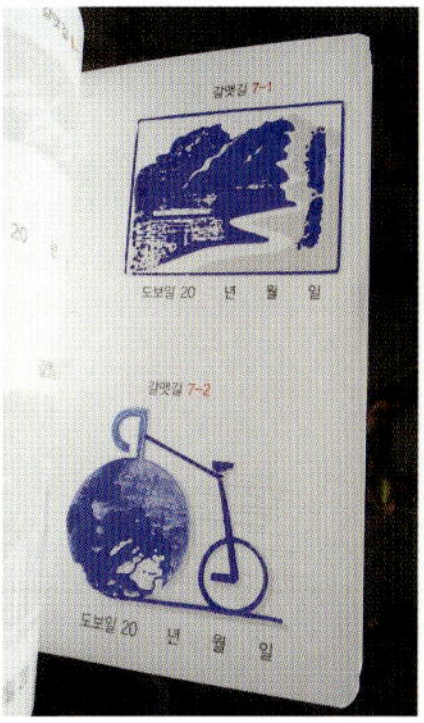
スタンプ 3 回で絵が完成

古宮参鶏湯。澄んだスープが特徴

骨も皮も黒い烏骨鶏を使ったオゴルゲタン（写真はソウルの名店「土俗村」のもの）

でなく全国どこでも食べられる。専門店では、烏骨鶏を使った烏骨鶏湯《オゴルゲタン》、アワビが入った全鰒参鶏湯《チョンポッサムゲタン》、韓方薬材をたくさん入れた韓方参鶏湯《ハンバンサムゲタン》など、ちょっと高級なサムゲタンを用意しているところも。お好きなサムゲタンを召し上がれ。悠

古宮参鶏湯《コグンサムゲタン》　고궁삼계탕

【住所】東区中央大路180番ギル12-10
【電話】051-463-6360
【時間】9時～21時
【休み】旧正月・秋夕の連休
【MAP】P10

南浦参鶏湯《ナムポサムゲダン》　남포삼계탕

【住所】中区南浦ギル16-1
【電話】051-245-5075
【時間】10時30分～21時30分
【休み】旧正月・秋夕の前日と当日
【MAP】P10

ソウルサムゲタン　서울삼계탕

【住所】中区南浦ギル36
【電話】051-246-7748
【時間】9時～22時30分
【休み】旧正月・秋夕
【MAP】P10

※18ページ「テジクッパ」の店データ

サンドゥンイデジクッパ
쌍둥이돼지국밥

【住所】南区UN平和路13番ギル2
【電話】051-628-7020
【時間】10時～24時
【休み】旧正月・秋夕の連休　【MAP】P9
【行き方】都市鉄道２号線大淵駅３番出口反対方向すぐ左折、徒歩約２分。

ハルメクッパ　할매국밥

【住所】東区中央大路533番ギル4
【電話】051-646-6295
【時間】9時30分～20時30分
【休み】旧正月・秋夕の連休、6月3・4日
【MAP】P11
【行き方】都市鉄道１号線凡一駅７番出口左折、跨線橋を渡り（または釜山駅方面から17、67、88、103番バスでポムゴッ交叉路下車）、横断歩道を渡り左へ、すぐ右折２軒目。

松亭《ソンジョン》3代《サムデ》クッパ　송정 3대국밥

【住所】釜山鎮区西面路68番ギル29
【電話】051-806-7181
【時間】24時間
【休み】旧正月・秋夕　【MAP】P11

サムゲタン

辛くない韓国料理として、一番にオススメしたいのがサムゲタン。土鍋に入った熱々のスープと丸ごとのひな鳥。よく煮込まれた鶏はホロッと骨からはずれて食べやすく、スープまで全部飲んで「うぅ、暖まるぅ～」。

ということで冬になると食べたくなるのだが、実はサムゲタンの店に行列ができるのは夏。日本で夏の土用の丑の日にウナギを食べるように、韓国ではポンナル（伏日）に夏の滋養食としてサムゲタンを食べるのだ。

ポンナルは陰陽五行説に基づくもので、夏至から３、４番目と立秋以後最初の庚《かのえ》の日を、それぞれ初伏《チョボッ》・中伏《チュンボッ》・末伏《マルボッ》とし、合わせて三伏《サムボッ》という。夏の庚の日は凶とされるため、夏バテ防止のために熱い料理を食べる、というわけだ。以前は補身湯《ポシンタン》つまり犬鍋もよく食べられていたらしい。ドラマ「女の香り」（2011年、SBS）で、ヒロイン・ヨンジェの家の大家のおじいさんが飼い犬を「マルボッ」と名付けたのは、末伏の日に鍋にして食べようと考えたからだ。飼い犬を鍋にするというのは日本人には考えられない発想だが、韓国でも犬肉は食べないという人は増えている。ソウルオリンピックを機に補身湯屋が表通りから姿を消したこともあって、今ではサムゲタンがポンナルの定番料理となっている。

南浦参鶏湯。じっくり煮込んだ白いスープ

ソウルサムゲタン。白い徳利は人参酒

サムゲタンは、鶏の内臓を抜いたあとのお腹に高麗人参ともち米・ナツメ・栗などを詰め込んで、丸ごとじっくり煮込んだもの。料理のジャンルとしては、鍋や鶏肉料理ではなくスープ料理なのだとか。

ほとんどの店で、まず高麗人参酒が出される。ちびちびなめているうちにサムゲタンの登場。ひな鳥とはいえ丸ごと１羽、けっこうな迫力だ。スープはこってり白濁していたり、サラッと澄んでいたりと、店によって違いはあるが、どこもかなり薄味なので、塩こしょうで好みに味付けする。鶏肉は塩をつけて食べる。手羽やモモも身ばなれよく、あっという間に骨入れは満杯に。そしてお腹にスプーンを差し込むと、あふれ出るもち米のご飯からぷーんと高麗人参の香り。そう、参鶏湯《サムゲタン》のサムは人参《インサム》のサムなのだ。ちなみにこの人参、成分はスープに溶け出しているので、食べても食べなくてもいい物らしい。あとはクッパのようにスープとご飯を食べる。溶け出たコラーゲンも全部いただく。中から出てくる栗がデザートのようで、ちょっと嬉しい。

サムゲタンは、夏でも冬でも、釜山だけ

カラフルなシティツアーバス。二階建てオープントップバスもある

釜山シティツアー体験

부산시티투어／プサンシティツアー

釜山シティツアー「乙淑島《ウルスット》自然生態コース」に参加する。2日前に釜山港の観光案内所から予約をしてもらった。電話でも予約はできるが、日本語は通じないようだ。出発地は釜山駅前。バスのカラフルなデザインがかわいい。6月の日曜日、座席は満席だった。参加者は韓国人のグループばかり。日曜の昼下がりを仲間同士で楽しもうとする年配者たちや若いカップル、子ども連れの家族。飛び交う韓国語で、車内はいっきにヒートアップする。

立ち寄る場所は岩南《アムナム》公園、峨嵋山《アミサン》展望台、乙淑島エコセンターの3カ所。途中で影島《ヨンド》大橋、南港《ナマン》大橋を渡る。違う角度から眺める釜山港の景観が面白い。このコースに申し込んだ理由も、地下鉄1号線終点、新平《シンピョン》より先を見たかったからだ。

岩南公園には、海岸沿いの岩肌に鉄製の通路や吊り橋が築かれている。ほぼ180度の眺望の中、絶壁を歩くかのような気分が味わえる。峨嵋山展望台は、洛東江河口の広がりを実感できる。広大な川の中に築かれた砂州が美しい。日没、日の出の景勝地でもある。展示館やカフェテリアもあり、砂州の移

峨嵋山展望台から

岩南公園。絶壁気分が味わえる

ろいや水鳥をゆっくりと観察する人もいるだろう。乙淑島は洛東江の中州に広がる湿地帯だ。エコセンターは、鳥や魚、貝類などの模型と解説が充実していて、言葉の壁を超えて楽しい。湿地に集う鳥を眺め、遊歩道を散策すれば、いつのまにか時間が過ぎてしまう。集合時間ぎりぎりに小走りで戻るグループが多かった。

現在シティツアーは、1日定額乗降自由の循環コースが中心になっている。乙淑島と峨嵋山展望台へは、洛東江エコバスで行ける。(渉)

乙淑島は渡り鳥の飛来地

DATA

釜山《プサン》シティツアー　부산시티투어

【電話】051-464-9898　【休み】月曜(祝日の場合は運行)

【コース案内】

・テーマ予約コース

2階建てバス夜景ツアー：釜山港大橋(経由)、広安里

【乗車場所】釜山駅前広場南側　【料金】₩15000

1日1便、予約必須(10日前から前日16時まで)。

以下の各コースは予約不可、先着順乗車、各停留場で乗降自由。

・シティツアーコース(4コース)

レッドライン：釜山駅↔海雲台(1日15便)

ブルーライン：海雲台↔海東龍宮寺(1日12便)

グリーンライン：龍湖湾↔五六島(1日11便)

ジャンボバス：太宗台・五六島など(1日19便)

【料金】₩15000(ジャンボバスへの乗り換えは₩5000追加)

・マンディバス

影島大橋・甘川文化村・龍頭山公園・山腹道路など

釜山駅前始発、30分間隔循環運行。【料金】₩10000

・洛東江エコバス

三楽生態公園・洛東江河口エコセンター・峨嵋山展望台など

BGL沙上駅前始発、40分間隔循環運行。【料金】₩7000

遊歩道とエコセンター

双眼鏡も鳥の目

具材は別々に
焼いてはさむ

濃くて新鮮。夏だったのでモモやトマトもあったが、季節によって変わるのだろう。豆乳もあって、おじさんたちにはこちらが人気のようだ。

忠武キムパッ

　おなじみのキムパッはいろいろな具の入った海苔巻き。見た目は日本の太巻寿司と似ている。

　しかし忠武《チュンム》キムパッは白いご飯だけを巻いた一口サイズの細巻。ごま油も塗らない。一見さびしいという気もするが、シンプルなだけにご飯や海苔の美味しさがわかる。これにおかずとしてイカと練り物の甘辛煮とカクテキが付く。一緒に食べると相性抜群だ。

　釜山の近く、忠武(現在の統営《トンヨン》)で漁師の携帯食として考えられたものだという。舟の上でも食べやすいよう一口サイズに、傷みにくいようにおかずを別にしたのだ。そのため統営には専門店が多いが、チェーン店もあり全国に広まっている。西面の「ナヌリ忠武キムパッ」は 24時間営業でテイクアウトも可。夜買って帰って、朝ホテルでゆっくり食べるのも良いかも。悠

忠武キムパッ

スペシャルトーストとミックスジュース
でちょっと豪華に

シンチャントースト

ソムジンガン　섬진강
【住所】中区光復路85番ギル15-1
【電話】051-246-6471　【時間】7時〜21時
【休み】旧正月・秋夕　【MAP】P10

シンチャントースト　신창토스트
【住所】中区光復路39番ギル21-1
【電話】051-245-1724　【時間】7時〜20時
【休み】旧正月・秋夕の連休、不定休　【MAP】P10

ナヌリ忠武《チュンム》キムパッ
나누리충무김밥
【住所】釜山鎮区西面路39
【電話】051-816-7454
【時間】24時間
【休み】なし　【MAP】P11

朝ごはん

ソムジンガンのシジミスープ定食

二日酔いに効くというシジミ。二日酔いになるほど飲めないが、朝ごはんには良さそうと行ってみた。テーブルにはバンチャンとともに、ご飯やおかずを巻いて食べるための葉野菜が。朝からすごいなーと思っていると、サバと大根の煮付けがドーンと置かれ、シジミスープとご飯が並ぶと、これはもう晩ごはんにも十分なご馳走だ。

少し白濁したスープをすくうと、底から剥き身になったシジミがざくざく。身体に良いと言われても、シジミ＝食べるのが面倒くさい、という図式が思い浮かんで敬遠しがちだが、これならストレスなく、たっぷり食べられる。シジミの旨味が溶け出したスープは、ほどよいコクがあってもちろん美味。

シジミスープ定食

シジミスープ

ソムジンガン

サバと大根の煮付けは見た目ほど辛くなく、サバの旨味が大根にも染みて絶品。ご飯にシジミにサバ大根と、あれこれ葉野菜に包んで食べて、朝から大満足。

もう一つの人気メニュー、シジミビビンバも美味しそうだ。

シンチャントースト

韓国のトーストは鉄板でパンと卵やハムを焼いてはさんだもの。つまりホットサンドなのだが、はさんでから焼く日本のホットサンドとはちょっと違う。地下鉄駅の近くなどで屋台を見かけるが、「シンチャントースト」はその草分けだ。

表に調理する屋台があり、その奥にイートインスペースがある。もちろんテイクアウトもできる。注文して奥へ入ると、通勤途上らしい先客が二人。その後もお客が増えていく。噂どおりの人気ぶりだ。

私たちが注文したのは、ハムとチーズ両方はさんだスペシャルトーストと、バナナとキウィのミックスジュース。欲張りというか、決めきれない選択……。

トーストは食べやすいように二つに切って、さらに１切れずつ厚紙を巻いてくれる。こういう心遣いも人気の秘密なのだろう。中の卵はキャベツなどの野菜が入っていて、まるでふわふわのオムレツ。ほどよく焼けたパンとケチャップやマヨネーズのシンプルな味付けがいいバランスで、いくらでも食べられそうな気がする。

ジュースは生の果物をその場でジューサーにかけるので、

釜山アクアリウムの水中トンネル。頭の上をサメや魚たちが泳いでいく

屋根のある観光地

シーライフ釜山アクアリウム

海雲台ビーチの水族館。建物は小さいが、地下に巨大水槽が広がっている。訪れたのが平日の昼頃だったため、幼児を連れた家族連れが多かった。

小さい子が熱帯魚の水槽の前で、一つひとつ指さしながら「ムルコギ（魚）、ムルコギ」とつぶやき、幼稚園児たちは、大水槽の前で「サンオヤー（サメー）」と叫ぶ。水中トンネルで魚とにらめっこをするように、じっと向かい合ったままの子もいる。これでは魚と子どもとどちらが面白いのかとも思えるが、青い世界で悠々と泳ぐ魚やカメを見ていると、気分が落ち着いていいものだ。また、ペンギンが泳ぐさまを横から見ると、彼らは鳥なのだと実感。

ペンギンやサメの餌付け、ダイバーのショーなど、楽しめるイベントも多い。料金は少々高めだが、観光案内所などにあるクーポンを利用すると10～30％割引になる。

ダイバーのショー

近代歴史館

臨時首都記念館の室内

臨時首都記念館

臨時首都記念館

1950年6月に始まった朝鮮戦争で首都ソウルが陥落した後の約3年間、釜山に臨時首都が置かれた。その当時大統領官邸として使われたのが、今の臨時首都記念館《イムシスドキニョムグァン》だ。

外観は洋風レンガ造りだが、元々は慶尚南道知事官舎として日本人によって建てられたため、部屋の柱や押し入れ、風呂など、日本的な要素も残っている。内部の展示は、李承晩《イスンマン》大統領の人形が座る執務室、螺鈿《らでん》の朝鮮家具や韓服が飾られた寝室など、当時を再現している。また映像からは、生活の様子や避難民の苦労が感じられる。

釜山近代歴史館

釜山近代歴史館《プサンクンデヨッサグァン》の建物は、日本統治時代の1929年、植民地経済支配のための国策会社「東洋拓殖」の釜山支店として建てられた。第二次大戦後はアメリカの海外広報拠点「アメリカ文化院」として使われるなど、外国による支配の歴史を象徴するものであった。そのため展示内容も日本の支配・収奪の歴史と、韓米関係史に関する物になっている。

多くの写真や現物資料は感情的にではなく淡々とつらい歴史を伝えてくる。司馬遼太郎の弁を借りれば、日本は「隣国の朝鮮に対してろくなことをしていない」ので、日本人が見て心楽しかろうはずはないのだが、埋め立てによって釜山の町が広がっていく様子などは、現在の発展ぶりとつながって興味深い。

釜山博物館

釜山・慶尚南道地域の出土物・遺物を通じて、歴史と文化を紹介する釜山博物館《パンムルグァン》。

一つめの展示館は東莱館。先史時代から三韓、三国、高麗時代まで、東莱がこの地域の中心だった時期の展示。仏教に関する展示物も多く、日本語の説明もあってわかりやすい。

渡り廊下を通って二つめの釜山館へ。朝鮮時代の倭寇や壬辰・丁酉倭乱（文禄・慶長の役）、朝鮮通

昔の市場のオムク売り

オムク作り体験中

釜山博物館

信使といった日韓関係史の展示が充実している。さらに生活文化・民俗、そして近代、現代へと、この地域の歴史がたどれるようになっている。こちらは説明文は韓・英のみ。音声ガイドを借りれば良かった。

釜山サムジンオムク体験・歴史館

ちょっと変わり種の展示館も。オムクは魚肉練り製品で、魚の豊富な釜山の名物の一つ。日本でいうさつま揚げ、あるいは揚げかま。韓国での別名はオデン、それを煮た料理もオデンという。

ここは「釜山で最も古いオムク製造加工所」。リニューアルして体験・歴史館が併設された。2階へ上がると、子どもたちがオムク作り体験中。魚のすり身を練って型に詰め、絵をつけて、楽しそう。平日は予約制だが、土・日は先着順で参加できるそうだ。

展示コーナーには、昔の市場でオムクを作って売るまでの工程が人形で再現されている。小さいけれどけっこう細かくリアル。オムク作りの道具や機械も展示されている。（悠）

DATA

SEA LIFE 釜山《プサン》アクアリウム
씨라이프 부산아쿠아리움
【住所】海雲台区海雲台浜辺路266
【電話】051-740-1700
【時間】月～木曜10時～20時（入場19時まで）／金～日曜・祝日、夏休み9時～22時（入場21時まで）【休み】なし【料金】₩24000【MAP】P8

臨時首都記念館《イムシスドキニョムグァン》 임시수도기념관
【住所】西区臨時首都記念路45
【電話】051-244-6345【時間】9時～18時
【休み】1月1日、月曜（祝日の場合は翌日休館）
【料金】無料【MAP】P9

釜山近代歴史館《プサンクンデヨッサグァン》 부산근대역사관
【住所】中区大庁路99
【電話】051-253-3845～6
【時間】9時～18時（入場17時まで）
【休み】1月1日、月曜（祝日の場合は翌日休館）
【料金】無料【MAP】P10

釜山博物館《プサンバンムルグァン》 부산박물관
【住所】南区UN平和路63【電話】051-610-7111
【時間】9時～18時（土曜は～21時）
【休み】1月1日、月曜（祝日の場合は翌日休館）
【料金】無料【MAP】P9
【行き方】都市鉄道2号線大淵駅3番出口、徒歩10分。または釜山駅方面から134番バス、市立博物館下車、徒歩2分。

釜山《プサン》サムジンオムク体験《チェホム》・歴史館《ヨッサグァン》
부산삼진어묵체험·역사관
【住所】影島区太宗路99番ギル36
【電話】051-412-5468
【時間】9時～18時（1階販売所は～20時）
【休み】なし【料金】無料（体験は₩5000～）
【MAP】P9
【行き方】釜山大橋を渡って徒歩約6分。

Column

朝鮮通信使

江戸時代の日本は、長崎出島で中国・オランダのみと貿易を行っていた。だがその他の国と没交渉だったわけではなく、朝鮮・琉球とは「通信」つまり「信《よしみ》を通わせ」ていた。朝鮮からは、江戸時代初期は文禄・慶長の役の捕虜返還のため、それ以降は将軍就任の祝賀のためなど、12回の通信使が訪れている。

通信使は徳川幕府からの来日要請を受けて編成され、通信使を率いる正使・副使・従事官の三使をはじめ、筆談を担当する製述官や書記、医員、楽士、画員、馬上才人、通訳官や護衛のための軍官など、子どもも含めて総勢500人もの大使節団であった。

都の漢城《ハンソン》で王の謁見をうけたあと、陸路で釜山へ。船着場の側にある永嘉台《ヨンガデ》で、航海の安全を祈る海神祭を行い、日本側接待役の対馬藩の大名宗《そう》氏の船とともに出発。対馬、壱岐、筑前藍島《あいのしま》を経て、赤間関（現在の下関）からは各地に寄港しつつ瀬戸内海を進む。大阪では川御座《かわござ》船に乗り換えて淀川をさかのぼり、淀からは陸路で江戸へ向かう。往復半年以上の長旅だ。もちろん各寄港地や街道の宿所では、地元大名による饗応や儒学者たちとの交流が行われた。また、近江では将軍と朝鮮通信使しか通れない通称「朝鮮人街道」を通り、川にも臨時の船橋が架けられるなど、国賓待遇ともいうべきもてなしぶりであった。

その朝鮮通信使に関する歴史館が、2011年、子城台《チャソンデ》に開館した。朝鮮時代の城門を思わせる外観の、2階建てのこぢんまりした展示館。展示内容も見てわかりやすいものが中心になっている。

展示からは、通信使船に付き従う多くの船や、豪華な食事など、日本での待遇の良さがわかる。接待役の大名や、労役を担う地元住民の負担は大きかったことだろう。しかし、きらびやかな川御座船や、馬の曲乗りを見せる馬上才、そして何より異国情緒あふれる通信使の行列が、沿道の人々を歓ばせ、熱狂させたことも充分に伝わってくる。それを端的に表すのが、歴史館入り口に飾られた約30体の人形だ。朝鮮通信使をモチーフに日本各地で作られた物だという。

2階の展示室を出ると芝生の庭をはさんで、永嘉台が復元されている。本来はここから約400m西にあったのだが、鉄道敷設などでなくなったという。昔はここまで海が広がっていた。今では1km先の埠頭の向こうだ。

釜山では、毎年5月上旬、龍頭山公園一帯で朝鮮通信使祭りが開かれ、当時の扮装でのパレードも行われる。日韓のゆかりの自治体などで、朝鮮通信使に関する史料を「ユネスコ世界の記憶」に登録しようという動きが進んでいる。悠

朝鮮通信使歴史館《チョソントンシンサヨッサグァン》 조선통신사역사관

【住所】東区子城路99 【電話】051-631-0858
【時間】9時～18時
【休み】1月1日、月曜（祝日の場合は翌日休館）
【料金】無料 【MAP】P11
【行き方】都市鉄道1号線凡一駅2番出口から徒歩約15分。または釜山駅方面から26、41番バス、子城台下車。子城台公園南東側。

ぜんざい通り。夏はかき氷が人気

上）タンパッチュッ　下）パッピンス

ユブジョンゴル

国際市場に比べて地元色の強い富平市場の一角に、ユブジョンゴルの店がある。韓国でもここ１軒だけだとか。元は屋台だけだったが、お客さんが増えたため、食べるスペースのための店を作ったという人気屋台だ。

「ユブ」は油揚げ、「ジョンゴル」は鍋。といっても鍋料理ではない。しいていえば、具入り油揚げとちくわとさつま揚げの入ったスープ。「油揚げの中にタンミョン（韓国春雨）や野菜、豚肉といった鍋の具のような物を入れて、油揚げの中が小さな鍋になっている」というところからのネーミングとか。鰹節だしのきいたスープはうどんのつゆのようで、日本人にもなじみやすい味だ。このスープが具に染みていて美味しい。

おやつというより、小腹が空いた時の間食という感じで、買い物途中の地元のおばちゃんがいっぱい。晩ごはんのおかずにするのか、テイクアウトする人もいた。悠

ユブジョンゴル屋台

ユブジョンゴル

【MAP】P10

屋台でおやつ

BIFF広場のホットッ

ホットッは小麦粉やもち米の生地に黒砂糖を包んで焼いた、屋台おやつの定番。地域によって店によって、様々なバリエーションがあるようだ。

BIFF広場のホットッは、もち米が入った生地を発酵させて、たっぷりのマーガリンで揚げ焼きにするので、外はカリカリ香ばしく中はモッチリ。黒砂糖は溶けてトロリと蜜になって、シナモンがほんのり香る。何年前からか、焼き上がったホットッに切れ目を入れて、ピーナツやカボチャやひまわりの種などのナッツをたっぷり詰め込むようになった。このシアッ(種)ホットッが釜山スタイルとして全国に広まっている。

ホットッ屋

ホットッ屋の行列

ホットッ

BIFF広場には、イカ焼き屋台などに混じって、5軒ほどのホットッ屋台がある。奥の方の「スンギホットッ」は、バラエティー番組「1泊2日」でイ・スンギが食べて絶賛したということで、いつも行列。その横の「アジョシホットッ」はシアッホットッの元祖だそうで昔からの人気店。元からたどらないとどちらの行列だかわからないほど、たくさんの人が並んでいる。中には 20個も 30個もお持ち帰りする人もいるとか。そりゃ行列が減らないわけだ。私は、いつどの店で買って食べても美味しいと思うのだけれど。

ぜんざい通り

国際市場の龍頭山公園よりに、タンパッチュッ(ぜんざい)とパッピンス(かき氷)の屋台が並ぶ通りがある。

パッピンスは昔ながらの、小豆餡と練乳に果物が少しのシンプルなもの。果物も缶詰フルーツととっても庶民的。喫茶店などではフルーツや緑茶など凝ったパッピンスが1万ウォン以上したりするのだが、こちらはお値段も庶民的に3500ウォン。小さめなので食後のデザートにも。おばちゃんが手回し式かき氷機でシャッシャッと氷をかいてくれるのも楽しい。

寒くなったらタンパッチュッ。直訳すれば「甘い小豆粥」なのだが、はっきり言ってぜんざいだ。ただし日本のぜんざいほどは甘くない。甘さはひかえめだが小豆はたっぷりのぜんざいに、きなこをまぶした細長いもちを、ハサミで切って載せてくれる。ちょっと歩き疲れた時などに、ホッとする優しい甘さだ。

お寺へ GO! ❷

海東龍宮寺

岩礁に弾ける波。龍王の導きで創建された寺は、日輪の上る東の海を臨む。

龍が支える山門

金の布袋様

龍のモニュメント

十二支神像

龍宮へは陸路で

龍宮寺《ヨングンサ》という名前に惹かれた。もちろん亀に乗って行くわけではない。釜田駅からムグンファという列車に乗っていった。釜田駅から松亭駅まで30分ほど。ローカル線の雰囲気が味わえる。松亭で降りて、タクシーに乗る。運転手が、混雑しているから近くまでは行けないと言う。大通りで降りて歩くことにした。1月1日、午前11時頃。早朝は日の出を見る人たちで、もっとごった返していたのかもしれない。

現在は松亭駅が山側に移転しているので、列車ではなくバスが便利だ。

参道を抜けて

歩き出して10分ほど。参道にでる。両側にみやげもの屋。韓国の寺の参道で、この下世話さは珍しい。仏具から海産物、服まで売っている。規模は小さいが、日本の神社の参道のようだ。そこを抜けると十二支神像が迎えてくれる。ここは何だか中国の廟のよう。自分の十二支を探して、拝礼している人がいる。目や鼻など神像の穴という穴に詰めこまれた硬貨が、ユーモラスだ。と、二匹の黄金の龍に支えられた小さな山門。そこをくぐって進めば、「龍門石窟」というトンネルが現れる。

この寺は、高麗時代の１３７６年に、懶翁《ナオン》和尚が夢に現れた龍王のお告げに従って、普門寺という名で創建したと伝えられている。壬辰・丁酉倭乱の時に焼失。３００年以上経った１９３０年代、通度寺の雲崗《ウンガン》和尚が再興。その後、１９７４年に龍宮寺という魅力的な名前に改称されたのだ。であれば、その由来と名前から考えて、「龍門」があってもいいのだが、仏頭を配した短いトンネルが「龍門石窟」というので、思わず笑ってしまった。このトンネルを抜けると、人の煩悩の数を表す１０８段の階段。この日、階段は人の波。煩悩が溢れている。その流れにのって階段を降りれば、いっきに絶景が飛び込んでくる。

龍門石窟、えっ？

海に願いを

パゴダ

遥か水平線が

大雄殿、龍王堂、梵鐘閣、窟法堂などの殿閣が、海と対峙している。絶え間なく打ち寄せる波。海が伽藍へと集中するようであり、また伽藍を軸に広がっていくようでもある。天空と大海を渡るような大きな龍のモニュメントが空に映える。岩肌には、岩盤がそのまませり上がったように見えるパゴダが点在する。雄壮さと躍動感。山間にあって静謐さや厳粛さを漂わす寺院とは違う、独特の景観が広がる。

東を向く寺院は、日の出の絶景スポットでもある。日輪のエネルギーを十分に浴びながら、参拝者の思いを受け入れる。人々は、心からの願いごとを必ず一つかなえてくれるという言い伝えを信じて参拝する。遠く水平線から眼下に目を移すと、波に洗われる岩の上で僧侶が経文を読んでいた。多くの信徒がその背後に連なる。願い事が書かれた紙だろうか、岩の上には紙の束。僧の法衣が風になびく。

観音菩薩は龍に乗って現れるという信仰から、海水観音大仏という高さ10メートルの仏像が境内の奥の高台に屹立している。この仏像は一つの石から作られた仏像としては韓国最大級のものの一つ。参拝者と海を見守っている。境内には財を呼ぶ金の豚が鎮座している。また、日本ではあまり見ない金ぴかの布袋様。中国では、布袋様と見せかけた大黒様が多いのだが、ここは布袋様のようだ。人々が群れて触れて、写真を撮っていた。そんな光景も含めて、必見の寺だ。(歩)

金豚の金が剥がれてしまって

DATA

海東龍宮寺《ヘドンヨングンサ》　해동용궁사

【住所】機張郡機張邑龍宮ギル86

【電話】051-722-7744・7755

【時間】4時〜日没　【休み】なし

【料金】無料　【MAP】P8

【行き方】都市鉄道2号線センタムシティ駅6番出口または海雲台駅7番出口すぐのバス停から181番バス、龍宮寺国立水産科学院下車、徒歩10分。

Column

釜山新名所
釜山市民公園

2014年5月1日、釜山の中心地西面の近くに釜山市民公園がオープンした。オープン当初は入場制限が行われるほど混雑していたが、数週間で落ち着き、市民の憩いの場として定着したようだ。

47haもの広大な空間、それまでどうしていたのかと思うが、以前は米軍基地だったのだ。さらにその前は日本が収用していた。1910年の日韓併合後、ここに競馬場が作られ、日中戦争勃発後は軍の兵站基地及び訓練所となった。司馬遼太郎が『韓のくに紀行』で書いている、釜山駅から戦車4両を引き連れて向かった西面の演習用の廠舎とはここだったのかも知れない。第二次大戦終結後は在韓米軍が駐留し「ハヤリア基地」と名付けられた。

しかし90年代から敷地返還と市民公園造成をめざす市民運動が起こり、2010年、ついに100年ぶりにハヤリア基地が釜山市民の元に返ってきた。西面から徒歩圏内という、商業地としても住宅地としても大きな需要があったと思われる都心の一等地に公園を造った、釜山市と釜山市民の英断に拍手を送りたい。

公園には97種約90万本の樹木が植えられ、暗渠だった2本の川が復活し、芝生広場や人工の滝、噴水、砂浜もあって、まるで都会のオアシス。米軍基地時代の建物もいくつか保存・活用され、将校クラブの建物は公園歴史館になっている。迷路庭園や子供用遊戯施設もあり、家族連れに人気だ。桜並木も造られた。今はまだ細い若木だが、数年後には新たな桜の名所となっていることだろう。悠

音楽噴水

遊び施設もいろいろ

大きな芝生広場

市民公園歴史館。競馬場時代は馬券売り場だった

まだ若い桜並木

釜山市民公園の入口

釜山市民公園《プサンシミンゴンウォン》 부산시민공원

【住所】釜山鎮区市民公園路73
【電話】051-850-6000
【時間】5時～23時　【休み】なし
【料金】無料　【MAP】P9、11

今回食べた店は、ここ

機張市場

蒸しあがったカニ

食べやすく切り分けてくれる

カニ味噌でポックンパッ

カニ、カニ、機張

釜田駅からムグンファで機張《キジャン》に行く。駅から数分も歩けば、機張市場。赤、黄、青の大きな傘が立てられ、アジュンマが海産物やキムチ、野菜を売っている。

その市場の北側100mほどにカニの店がずらり。水槽の中で蠢くカニ、カニ、カニ。食べるためには、まず、店を選ばなければならない。おばさん、おじさん、お兄さんがカニを手にして呼び込みをする。どの店に入るかは、相性次第。なんてったってカニを見極めるのは難しい。しかも、雑踏と呼び込みの中で、冷静な判断なんて……。

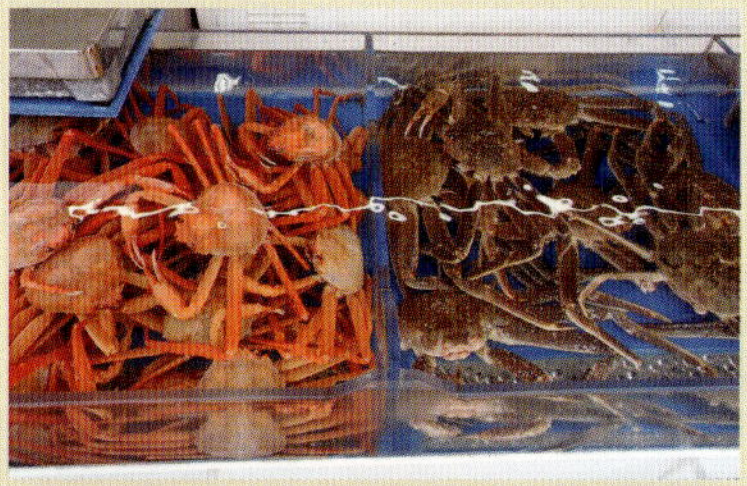

店の人は、カニを水槽から取りだして、値段を告げる。財布の中身とカニの種類と大きさと。タラバガニにするか、ズワイにするか、アブラにするか。韓国産にするかロシア産にするか。カニは蒸すだけ。それで、カニ自体の味が出る。こうなると、カニの種類を何にするかはやはり重要かもしれない。ちなみに今回は1キロ4万ウォンと言って、2キロ強のカニを勧めて、あっさり6万ウォンにした、はにかみ顔が素敵なお兄さんの店にする。青のりが入ったジョンとキムチ、サラダ、海草、ワカメスープのバンチャンセットを食べながら、待つこと20分。カニがやって来る。食べ始めると口数が少なくなるのはカニの常。ただ、切り込みがあるので食べやすい。

ミソのついた甲羅にご飯を少量入れ、まぜて食べるのもおいしいが、今回は一人前3000ウォンでカニ味噌入りポックンパッにした。昼食時の混雑より早い時間に行ったので、前回行ったときに比べると余裕を持って店を選ぶことができた。安くカニが食べられるというわけではない。市場の雰囲気、カニを選ぶ楽しさ、たっぷり食べられる、というところがいいのだ。

帰りの列車の時間を調べておいて、列車で釜山に戻ると、ショートトリップな感じがする。龍宮寺と組み合わせて訪れるのもいいかもしれない。渉

国味《クンミ》テゲ 국미대게
【住所】機張郡機張邑邑内路104番ギル3
（機張市場内）
【電話】051-721-7777
【時間】10時～22時30分
【休み】なし 【MAP】P8

Column

釜山新名所
富平カントン夜市場

富平市場の別名「カントン」は缶のこと。かつて米軍から横流しの缶詰が多く売られたことから名付けられたとか。今でも食品や輸入品など生活必需品の店が多く、地元の人たちに愛される伝統市場だ。しかし、ツアー客も訪れる国際市場やチャガルチ市場と比べると、観光という面では地味な印象があった。

その富平市場に、2013年10月から夜市がオープンし、賑わいを見せている。アーケードのある通りに、オレンジ色のボックス型屋台がずらりと並ぶ。食べ物の屋台が多く、なかでもエスニック料理が人気だ。ベトナム春巻やドネルケバブの屋台には行列ができ、トルコアイス屋はお客さん相手のパフォーマンスで楽しませる。他にもシアッホットッはもちろん、大邱名物ぺちゃんこ餃子や宮崎の肉巻きおにぎりなど、各地の食べ物が並び、見て回るだけでも楽しいし、立ち寄れば夜食にもなる。

さて、話題を持って行かれた感のあった国際市場は、映画『国際市場』（2014年、ユン・ジェギュン監督、邦題『国際市場で逢いましょう』）の大ヒットで、ロケ地見物の観光客が増えている。隣同士の二つの市場に、これまた相乗効果をもたらすのかも知れない。悠

ベトナム春巻き

ボックス屋台がずらりと並ぶ

おもちゃやアクセサリーの屋台もある

ココナツやサトウキビのジュースも人気

大人気のドネルケバブ

夜市場入口

富平《プピョン》カントン夜市場《ヤシジャン》　부평깡통야시장

【住所】中区中区路53番ギル17
【電話】051-243-1128
【時間】19時30分～24時
【休み】なし　【MAP】P10

ヤンコプチャン

コプチャン通りに行く。この通りの多くの店は、一つの店の中がいくつかのブースに分かれ、それぞれに店主がいる。手招きされるまま入った店は「テアヤンコプチャン」。中は4つのブースに分かれていた。

ヤンコプチャンとは、第1胃袋であるヤン（ミノ）とコプチャン（小腸）のことだ。それをメインにいくつかの部位のホルモンが盛り合わされている。味は2種類。赤いたれに漬けたヤンニョムと、ニンニク、ごま油、塩をまぶしたソグム（塩味）。赤か白か。塩味にした。焼く食材を器に盛って見せてくれる。うっすらとピンク色の肉。これだけの量の、こんな新鮮な肉を食べるのだよと言っているようだ。

カウンターの練炭のコンロでアジュンマが焼く。時々上がる火の手。手際よい焼きっぷりを見て、肉の焼ける音を聴き、匂いを嗅げば、のどが鳴る。

食べやすい大きさに切り分けて、促されるままに、口へ。あっ、こんなに美味しかったか。弾力を保ちながらもゴムのようではない。じゅわっと肉の食感を感じるが、しつこさが残らない。部位による食感の違いも味わえる。屋台のような雰囲気と味。また来たくなる。コンロを囲まないので、服にも臭いがつきにくい。

焼く前のヤンコプチャン

コンロを囲んで

富平ヤンコプチャン

向かい合わせでワイワイと、というのであれば、富平市場の入り口にある、「富平ヤンコプチャン」。テーブルに紙が敷かれ、エプロンを着け肉を待つ。盛られた肉は、プリプリ、鮮やか。コプチャンに存在感がある。

アジュンマがテーブルを往き来しながら、焼いていく。韓国では、店の人が焼いてくれる場合がほとんどだ。焼き加減が味を分けることは明白で、いいよの合図をひたすら待つ。店内はいっぱいで、外のテーブルにも人が座っている。この賑やかさが楽しい。地元客が多いが、メニューには日本語も併記されている。㊇

コプチャン通り

テアヤンコプチャン　대아양곱창

【住所】中区チャガルチ路47番ギル5-16
（チャガルチコプチャン通り）　【MAP】P10

富《プ》平《ピョン》ヤンコプチャン　부평양곱창

【住所】中区富平2ギル17
【電話】051-245-2485、245-6818
【時間】14時〜翌5時　【休み】なし　【MAP】P10

釜山
BUSAN
から旅々

藁屋根の村に日だまり
瓦屋根にカササギ
声を追って土塀の道を歩けば
広場は祝祭の真昼
空腹を満たす五色の食膳は
今と昔を混ぜ合わす
喧噪も　静けさも

慶尚南道

韓国を縦に流れる大河洛東江に育まれた穀倉地帯が広がる。世界遺産の海印寺や名刹通度寺、晋州や密陽など、釜山の近くで地方都市の魅力を味わえる。

慶尚南道マップ
KTX
慶州
경주
P120
大邱
대구
P130
海印寺
해인사
P138
オルムゴル
얼음골
P83
東海南部線
表忠寺
표충사
P80
蔚山
울산
京釜線
萬魚寺
만어사
P83
通度寺
통도사
P84
表忠碑
표충비
P83
密陽
밀양
P76
梁山
양산
金海
김해
P70
智異山
지리산
華厳寺
화엄사
P164
晋州
진주
P88
鎮海
진해
P94
昌原
창원
馬山
마산
河東
하동
慶全線
釜山
부산
P6
統営
통영
南海
남해
巨済
거제
外島
외도

鎮海・海軍士官学校の亀甲船

鎮海・旧鎮海郵便局。日本統治時代の建物で史跡指定

鎮海マップ
ロマンス橋
로망스다리
P95
鎮海駅 진해역
北園ロータリー
북원로터리
慶和駅→
경화역
P94
中園ロータリー
중원로터리
P95
旧鎮海郵便局
구진해우체국
P69
帝皇山公園
제황산공원
P95
南園ロータリー
남원로터리
市外バスターミナル
시외버스터미널
海軍士官学校 해군사관학교

緑鮮やかな盛夏の首露王陵

金海

김해／キメ

洛東江の河口付近に広がる肥沃な土地。そこは古代史の舞台、駕洛国。そして、韓国最大の一族が生まれた場所。

金海へ

「なぜ金海などにいらっしゃるのですか」
と、ミセス・イムが車の中で私の旅行日程表をみながらきいた。大田舎ですよ、といった。たれも観光客などゆきませんよ、ともいった。

司馬遼太郎が書いた『韓のくに紀行』の一節である。古代、「日本」ではなく「倭」という地域だった時代、海洋交易圏をつくっていた最前線が金海だった。

7世紀後半、新羅によって朝鮮半島が統一される以前、半島は高句麗《コグリョ》、百済《ペッチェ》、新羅《シルラ》の三国が分立していた。さらにそれ以前、新羅と百済にはさまれた地域には多くの小国があった。洛東江の流域にあった国々で、その小国連合を「カヤ」や「カラ」と呼び、「加耶」「伽耶」や「加羅」「狗邪」など様々な漢字

首露王陵の崇化門

駕洛楼

があてられた。この伽耶連合のリーダー的存在が、金海市付近にあった「駕洛国（金官伽耶）」である。この連合国は、6世紀の中頃、新羅によって併合されてしまうが、独自の建国神話を持ち、独自の文化を育んだ。特に製鉄技術にすぐれ、古墳からは鉄の文化の遺跡が多く出土している。

現在、韓国で最も多い姓は「金」氏だが、さらにその中でも最も多い宗族（本貫）は、この金海市出身の「金海金氏」である。新羅の武烈王《ムヨルワン》が半島を統一するとき貢献した名将金庾信《キムユシン》も駕洛国の出身である。

司馬が行った1971年から40年以上も経つ。金海は、「たれも観光客などゆきませんよ」の場所ではなく、釜山から軽電鉄という最新鋭の電車で行ける魅力的な場所になっていた。

首露王陵

「金海金氏」の始祖の陵墓が「首露王陵《スロワンヌン》」である。

入口にあたる崇化門を入ると、太極模様が配された韓国式の鳥居の先に楼門が築かれている。楼門には「駕洛楼」と書かれた扁額。司馬遼太郎は、この文字を「野太くておどけたような書体」と書いていた。そこをくぐる。まだ王陵には至れない。その楼門の先に、さらに石と土で築かれた塀がある。「首露王陵」は、その塀の中の、広々とした敷地に祀られていた。

円形墓で、高さは5メートルほどあるという。神獣の石像が見守っている。手入れされた芝草におおわれ、静かにうずくまっているようだ。いや、王はうずくまるわけはない。うずくまるのは王にひれ伏すほうなのだ。が、おそらく、王陵は歴史という時間に対してうずくまり、眠っているのかもしれない。「生けるものに接するような温かみ」とは、この王陵の前に立った司馬の感慨である。秋の西日が長い影をつくっていた。

首露王陵　紅箭門

冬の首露王陵

塀の向こうに墳丘が

陵墓は季節で異なる装いを見せる。夏には芝草や木立の緑が眩しく、陵墓なのに生気が満ちる。冬は枯淡の趣でひそやかさが増す。ここは公園でもあり、地元の人がゆっくりと散歩をしていた。歩

首露王妃陵

首露王陵から北へ。道路の先に短いトンネルが見えるあのあたりだなと思って歩いていると、右前方に突然、飛び出す絵本のように首露王妃陵《スロワンビルン》が立ち上がって見えてきた。王陵から1キロも離れていないのだが、平地にある王陵に対し、王妃陵は山裾の傾斜地に造られているためだ。全体の造りは王陵より小さめだが、日当たりといい水はけといいこちらの方がよほど良さそうだと、女性としてひいき目に見てしまう。

首露王の王妃許黄玉《ホファンオッ》はインド・アユタ国の王女。その伝説がけっこうすごい。

結婚を勧める臣下に対し首露王は「王妃も天が定める」と言う。遠くから王妃が嫁いでくると信じているのだ。すると赤い帆をかけた船ではるばるインドから王女がやって来た。両親が見た夢の「駕洛国の首露王は天が定めた王である。王女をその妻とするべく送り出すように」というお告げを信じて船に乗ってきたという。伝説とはいえ、王も王妃もその親も、よくそんなお告げを信じて行動できるものだと感心する。

王妃は10人の王子を産み、そのうち二人は王妃の姓・許氏を継ぎ、金海許氏の祖となった。王妃は157歳で亡くなり、首露王はその10年後に158歳で亡くなったという。神話の時代に長生きなのは日本だけではないらしい。

婆娑閣と婆娑石塔

首露王妃陵

首露王妃陵は紅箭門・亀南門・墳丘が一直線に並ぶ

王妃陵は王陵と同様、朝鮮時代に何度かの改修を経て現在の姿になったもの。入口である亀南門からまっすぐ延びる参道に続いて階段があり、その上に円墳が築かれている。高さの割に底面積が小さく、スマートな墳丘。斜面で見晴らしがよい上に王陵に比べ建物や石造物が少なく、すっきり広々した印象だ。

階段の手前右手に婆娑《パサ》石塔がある。これは王妃がインドから渡ってくる時、航海の安全を祈って船に乗せられたものだという。重たい石を乗せたらかえって危ないだろうと思ってしまうのだが、まあ大きな船だったということか。土台となる石の上に積み上げられているちょっと赤っぽい6つの石。韓国産ではない石なのだそうだ。90年代に出版された本には、屋根もなくただ石塔だけが置かれている写真が載っていたが、今は石塔を収める立派な閣が建てられている。

亀旨峰

階段の上、陵墓の前から左に延びる遊歩道があり、ここから亀旨峰《クジボン》へ行ける。小さいが瓦屋根の載った亀旨門をくぐる。ここは先ほど道路の奥に見えたトンネルの上だ。元々王妃陵の後ろの山と亀旨峰は繋がっていたのだが、日本統治時代に道路を通すために切通しにしたという。そのために断ち切られた気の流れを回復するため、再び繋げて現在のトンネルの形にしたのだそうだ。

亀旨門

亀旨峰は峰といっても小高い丘くらいの高さで、

大成洞古墳博物館

展望台から見える軽電鉄

亀旨峰の支石墓

5分も歩けば頂上に着く。空から6つの金の卵が降りてきてその一つから首露王が生まれたという伝説の場所。以前は6つの卵のモニュメントがあったが、何の理由か撤去されたとか。今は亀の首型の石が立てられている。その横には亀旨峰石と刻まれた支石墓がある。小さいながら展望台もあり、首露王陵や大成洞古墳群、川沿いの高架の上を軽電鉄の車両が走るのも見える。

ひとしきり景色を楽しんで、首露王妃陵と反対側へ降りて行く。伝統芸能の農楽を練習する音が聞こえる。近くにある学校の部活動なのだろう。そして気がつけばいつの間にか国立金海博物館の敷地の中。博物館の外観は「鉄の王国・伽耶」を象徴するような黒。発掘調査で得られた伽耶文化の遺物が展示されている。悠

金海出土の国宝「騎馬人物形土器」のモニュメント

国立金海博物館

鳳凰洞遺跡

駕洛国を偲ばせるモニュメント

金海への交通

●釜山から
沙上から釜山金海軽電鉄(BGL)で首露王陵駅まで30分、金海空港から24分、₩1500。

釜山駅、西面から1004番バスで約1時間、₩1800。

●ソウルから
高速バスターミナルから4時間40分、₩32200。

DATA

首露王陵《スロワンヌン》　수로왕릉
【住所】金海市駕洛路93番ギル26
【電話】055-332-1094
【時間】9時～18時(季節変動あり)
【休み】なし　【料金】無料　【MAP】P75

首露王妃陵《スロワンビルン》　수로왕비릉
【住所】金海市駕洛路190番ギル1
【電話】055-300-3948
【時間】9時～18時(季節変動あり)
【休み】なし　【料金】無料　【MAP】P75

国立金海博物館《クンニッキメパンムルグァン》　국립김해박물관
【住所】金海市伽耶エギル190
【電話】055-325-9332～3
【時間】9時～18時(土日祝は～19時)
【休み】月曜、1月1日
【料金】無料　【MAP】P75

嶺南楼。昔も今も客人を迎える秀麗な楼閣

密陽

밀양／ミリャン

客人《まれびと》よ、この楼閣で旅装を解こう。
密陽の秘密の話を語ろう、伝説と神秘と、そして歴史を。

嶺南の名楼　嶺南楼

密陽江《ミリャンガン》を渡る。川岸の丘の上に建つ楼閣を見ながら。広い河川敷を持つ川に懸かる密陽橋。その欄干を飾る赤い花。緑の木々が丘の斜面をおおう。その木々の上に嶺南楼《ヨンナムヌ》は建つ。楼閣は、跳ねるような勢いを宿しながらも、バランスのよい屋根を持つ。中央、広がりを感じさせる本楼の左右には別楼があり、丘の地形を生かすように左から右へと段差を刻んでいる。見事なまでに一体化している。川面に照り返す10月の朝の陽射し。地方都市の日曜日ののどかさに包まれる。

嶺南楼に向かう階段にアリランの歌が流れている。密陽は朝鮮三大アリランの一つ、密陽アリランで知られる。

階段を昇り楼閣の間近に立てば、さらにその大き

大きな扁額「嶺南第一楼」

見晴らしの良い嶺南楼の内部

扁額の掛かる嶺南楼の入口

さと風格を感じる。扁額が逆光の中に浮かぶ。ここは嶺南の名楼であるだけではなく、晋州《チンジュ》の矗石楼《チョッソンヌ》、平壌《ピョンヤン》の浮碧楼《プビョンヌ》とともに朝鮮の三大楼閣といわれる。靴を脱いで楼閣にあがる。楼内にかかる「嶺南楼」と「嶺南第一楼」と書かれた扁額も立派だ。この二つの扁額は１８４０年頃の密陽府事の息子だった11歳と7歳の兄弟が書いたものだとされている。いつの間にか、おじさんが寄ってきて扁額の説明を始めた。川面に光る陽射しを金にたとえて書いた「湧金楼」の文字。１０００ウォン札の人物である朝鮮二大儒者の一人、李退渓の筆。ひとしきり説明をすると、おじさんは満足したように立ち去った。対岸から見えた二つの別楼は「凌波閣」と「枕流閣」という、川の流れにちなんだ詩的な名前がつけられていた。

丸く大きな柱や天井、梁が流れた時間を語っているようだ。正面5間、側面4間の広い楼閣から密陽の町を見おろせば、密陽府に招かれた客人であるかのように錯覚する。もてなしは景色だけだが、その景色で十分だ。

横から見た嶺南楼。右の枕流閣へ流れるような立体的な構造

密陽官衙の凝香門

阿娘閣の貞純門

嶺南楼から密陽江を見る

ここには韓民族の始祖檀君を祀った「天眞宮」や密陽アリランの石碑、「阿娘祠」もある。また、楼閣東側のさらに高い丘に登れば、「舞鳳寺」という古刹を訪れることもできる。歩

阿娘閣

嶺南楼から下りて、来た方と反対側の出口を出ると、密陽アリランの石碑がある。やはりここでもスピーカーから流れる密陽アリラン。メロディーを覚えてしまいそうだ。

碑の前の道を右へ、壁に沿って下りていく。キラキラと陽射しを反射する密陽江の川面が見えてきたところに、竹林に守られるように阿娘閣《アランガッ》があった。

アラン伝説の主人公、アランの魂魄を慰めるために祠堂を建てたのが始まりとされ、現在の阿娘祠は１９６５年に建て直されたもの。こぢんまりとしながらも正門もあり、なかなか立派なものだ。

密陽官衙

嶺南楼から北へ5分ほど歩くと、密陽官衙《クァナ》に着く。朝鮮時代の地方政府だ。門をくぐると、まさに歴史ドラマに出てくるお役所そのもの。門と塀の他に4つの建物が建てられていて、政庁である「近民軒」にはお役人様の人形が独り座っている。

時折、伝統行事の再現イベントなども行われているようだが、２０１０年に復元されたばかりで建物がまだ真新しく、風情も何もないというのが正直なところ。けれども別棟には、近所の人とおぼしきおばちゃんが二人上がり込んで、おやつと飲み物持参でおしゃべりしている。こうして年月とともに少しずつ、街と人に溶け込んでいくのだろう。悠

密陽官衙の近民軒

Column

アラン伝説とは……

朝鮮時代16世紀のこと、アランは密陽府使(使道《サト》)の娘で、本名は尹東玉《ユンドンオク》(貞玉《ジョンオク》とも)。才色兼備で男たちの憧れの的だった。

ある日、アランに思いを寄せる官奴が乳母を買収して嶺南楼の月見に呼び出した。我がものにしようとしたが抵抗され、殺して死体を捨ててしまう。アランの父は娘が駆け落ちしたと思いこみ、辞職して都へ帰ってしまった。

その後、密陽の府使は次々と赴任第一夜に謎の死を遂げ、府使のなり手はなくなり、町は廃れていった。

そこへ李上舎《イサンサ》という府使志願の男がやってくる。学識はあるが人脈がなく科挙に合格できないでいたのだ。さっそく現れたアランの幽霊が「明日、蝶になって犯人の笠に止まるので、殺されて魂と離ればなれになった身体を探して恨みを晴らして欲しい」と頼むと、肝の据わった李上舎はこれを応諾。翌朝犯人の官奴は捕らえられ、嶺南楼の竹やぶから、刃物が刺さったまま朽ち果てることもなく美しいアランの死体が発見された。李上舎が刃物を抜いてやると死体は骨だけになり、骨を集めて弔うと、その後アランの幽霊が現れることはなかった。

阿娘祠

ドラマ「アラン使道伝」の主人公たち

この伝説をモチーフにしているのが、ドラマ「アラン使道伝」(2012年・MBC)。

死んだショックで記憶をなくし成仏できない幽霊のアラン。幽霊を見る能力を持つキム・ウノが、行方不明の母を捜しに密陽にやって来た。これに目をつけたアランは、ウノを使道に仕立て上げ、自分が誰でどうして死んだのかを探ってほしいと頼み込む。アランにもウノにも因縁のあるチェ大監一家や、天上界の人々も巻き込んで、アランの真相探しは続く。しかしウノには本人も知らない秘密があり……。

天上界の独特な造形が美しく、幽霊と人がからむアクションやコミカルなシーンも多く、気軽に楽しめるドラマだ。悠

嶺南楼でロケが行われた

表忠寺へは川沿いの道を行く

表忠寺の門、酬忠楼。山門なのに楼閣だ

山間の寺　表忠寺

「表忠寺《ピョチュンサ》」という額が架かっている門をくぐると、驚くような広がりがあった。山に囲まれているのだが、その山々の中央に平地が開ける。奥へと進むにつれて広さを感じるというのではなく、全体が一望できるのだ。周囲の山々からは清々しい空気が降りてくる。伽藍は自然のもつ地形の中に配置されている。

密陽の市外バスターミナルを出ると、バスはすぐに町を抜けた。密陽江の支流に沿う道を、山間へと走る。道路脇の露店ではナツメが売られている。

30分も経っただろうか、バスは広い駐車場に入った。表忠寺のバス停だ。駐車スペースを囲むように、10軒ほどの食堂、売店、コンビニ、トイレがある。ただ、案内図がない。どちらに歩けば表忠寺に行けるのかがわからない。とにかく川に沿った道路にでて、上流をめざす。バーベキュー用の道具を売っている露店が並んでいると思ったら、川原でバーベキューをしている人たちがいた。だが、騒然としているわけではない。木々が、音を吸い込んでいるようだ。木漏れ日を拾うように、しばらく行くと、料金所が見えた。山門までは、まだ少し歩かなければならない。

歩きはじめて、ほぼ30分。山門にあたる一柱門《イルチュムン》に至る。屋根を支える柱が一列に並んで一本のように見えることで、そう呼ばれる。そこを通りすぎると、正門が現れた。

門に「表忠寺」の文字。不思議な感覚にとらわれる。寺の門と言うよりも楼閣のようなのだ。

それだけではない。門をくぐり、3つの区域に配置されている20ほどの伽藍を拝観していると、この寺が他の寺院と違う点に気づく。寺なのに「表忠祠堂」という祠堂があり、「表忠書院」という書院があるのだ。

祠堂や書院は、どちらかといえば儒教の建築物である。寺の案内パンフレットを見ると謎が解ける。この「表忠祠堂」は、豊臣秀吉による壬辰倭乱の時

大光殿。本殿にあたる法堂

表忠祠堂

表忠寺梵鐘

表忠寺仏塔

に活躍した四溟《サミョン》、西山《ソサン》、騎虚《キホ》という３人の大師の真影を祀っていて、春と秋に仏教と儒教の儀式を合わせた祭式を行っているということである。また、「酬忠楼」と名づけられた正門は、書院正門形態をとっている楼閣であると書かれている。確かに先程くぐった門は、二層になっていて、二階部分が四方を眺望できる見晴らしのよい広間になっていた。寺というより儒教的な印象が強いはずである。三大大師を称えて、祠堂を置き、「霊井寺」から「表忠寺」という名前に変えたという寺の由来を考えると、その忠義に報いる心が、この独特の伽藍を作りだしているのかもしれない。いくつかの伽藍をつなぐように渡された紐に、「四溟大師」と書かれた多くの提灯がぶらさがっている。その渡された紐の先に梵鐘楼がある。山を借景にした二階建ての梵鐘楼。形のよい梵鐘が静かにぶらさがっていた。

食事は

表忠寺駐車場の食堂に入った。休日の昼時はどこ

駐車場の食堂街

トドックイ

も客が多かったが、3時過ぎに店に入ったので、客も少なく、店の人ものんびりしていた。トドックイ(ツルニンジン焼き)定食を食べる。他のテーブルでは、マッコリやビールを飲みながら、山羊やアヒルの肉を焼いて食べている人たちもいた。登山の格好をしているグループも見かける。寺の周囲はトレッキングのコースにもなっているらしい。歩

密陽への交通

●釜山から
釜山駅または亀浦《クポ》駅からＫＴＸ・セマウル・ムグンファで40～50分、釜山から₩8400・₩5800・₩3900、１日40本前後。

西部市外ターミナルから市外バスで１時間、₩4500、1時間間隔。

●ソウルから
ソウル駅からKTXで2時間20分前後、₩48500、1日15本前後。

DATA

嶺南楼《ヨンナムヌ》・阿娘閣《アランガッ》　영남루・아랑각
【住所】密陽市中央路324
【電話】055-359-5590
【時間】7時～18時(11～3月は17時まで)
【休み】なし　【料金】無料　【MAP】P82

密陽官衙《ミリャンクァナ》　밀양관아
【住所】密陽市中央路348
【電話】055-359-5580
【時間】9時～17時　【休み】なし
【料金】無料　【MAP】P82

表忠寺《ピョチュンサ》　표충사
【住所】密陽市丹場面表忠路1338
【電話】055-352-1070
【時間】7時～18時　【休み】なし
【料金】₩3000　【MAP】P69
【行き方】市外バスターミナルから表忠寺行きバスで約30分。バス停から徒歩約30分。

Column

密陽三大神秘

密陽について調べていると、やたらと目につくのが「三大何々」という言葉だ。

まず「朝鮮三大楼閣」の一つ「嶺南楼」。あとの二つは、晋州の「矗石楼」と、平壌の「浮碧楼」。

次に「三大アリラン」。

3つとも短調なのだが、楽しく前向きな雰囲気の「密陽アリラン」、哀愁とともに不思議なおかしみが漂う全羅南道の「珍道《チンド》アリラン」、のびやかに情緒を歌い上げる江原道の「旌善《チョンソン》アリラン」、といったところか。

密陽アリランの碑

ちなみに一般的に日本人が「アリラン」と聞いて思い浮かべるのは、京畿道に伝わる「本調アリラン」。1926年の映画『アリラン』のテーマ曲になり、広く知られるようになったそうだ。

そして「密陽三大神秘」。「オルムゴル」「表忠碑《ピョチュンビ》」「萬魚寺《マノサ》の磬石」。こちらは3つとも密陽にある。

オルムゴル（氷の谷）は、夏に水が凍り、秋になると解け始め冬には湯気が立つ、という不思議な渓谷。見に行くなら夏でしょと思うが、結氷地は天然記念物になっているため、柵で隔てられているとか。市内からバスで50分、そこから瓦礫の道を30分登ったあげくに柵の向こう側って。観光地としては条件厳しいだろうと思うのだが、特に夏は涼しい渓谷として多くの観光客が訪れるそうだ。

表忠碑は、四溟大師の忠誠をたたえるために建立された碑石で、国の大事の際に汗を流すという。甲午農民戦争・朝鮮戦争・朴正熙大統領暗殺などの直前にも汗を流した記録がある。単なる結露現象としては科学的に説明できない場合もあり、国を案ずる四溟大師の霊験と信じる人もいるようだ。

見てみたいと思うものの、隣国の大事を待つ気にはなれないし、碑そのものの価値はともかく、乾いていれば普通の碑石。どちらを期待して見に行けばよいものか。

この表忠碑、表忠寺とはまったく違う場所にあるので、訪れる際は要注意。

萬魚寺の磬石。寺の前に広がるガレ場の軽石は、仏法の感化を受けた1万匹の魚が石になったものという伝説があり、磬《けい》（中国古代の石の打楽器）の音がする、と。何だかよくわからない神秘だ。悠

【MAP】P69

お寺へ GO! ③

通度寺

三宝寺院であり、五大叢林でもある寺刹、通度寺。この大雄殿には仏像が祀られていない。なぜなら、安置されている仏舎利こそが御本尊だからだ。

コリアンカラーの四天王に迎えられ

霊鷲叢林の扁額が掛かる門をくぐる

歩行者用参道

真身舎利

聖徳太子がつくった役人の心得を示す十七条憲法には、「篤く三宝を敬え。三宝とは仏、法、僧なり」という条文がある。中学、高校の教科書にも載っている一節だ。

韓国には、三宝寺院といって、仏、法、僧をそれぞれ担う3つの寺刹がある。その一つが、釈迦の真身舎利を納めた仏宝寺刹の通度寺《トンドサ》だ。釈迦の遺骨の一部である真身舎利がどのように祀られているのか、参拝への思いがかき立てられた。

参道をいく

釜山の総合バスターミナルから市外バスで30分。「通度寺新坪《トンドサシンピョン》バスターミナル」に到着する。バスターミナルも、その周りも、何もかもが変わっている。以前訪れたのは、10年ほど前。道路も広く整備され、通度寺参道につながる市内の通りは桜並木になっていた。桜の花びらの下を数分歩くと門がある。ここで、料金を払う。川の両岸は、歩行者用と車用の参道に分かれている。「舞風寒松路《ムプンハンソンノ》」。歩行者用参道の名前だ。川の流れを見て、せせらぎを聞きながら、松木立を縫った参道を進む。

ゆっくりと歩いて、ほぼ30分。「霊鷲叢林」の扁額が掛かる門をくぐる。この先が一柱門だ。「霊鷲山通度寺」の扁額。一柱門に桜の花びらが散る。渓流にはアーチ型の石橋「三星半月橋」。樹齢数百年という松の木と共に風情のある景観をつくりだしている。この一柱門から、鮮やかな丹青に彩られた四天王を配した天王門、不二門と並ぶのは、韓国寺院の基本的なつくりである。参拝しているアジュンマは門をくぐるたびに手を合わせ拝礼している。

不二門を抜ける。両側に迫るいくつかの仏殿が、歩く道行きを定めるように空間を狭くし、大雄殿へと誘い込む。開けた敷地にでんと構えた大雄殿があるといった配置ではない。大雄殿の全体を見通すことが難しい。それは、東側を向く大雄殿の北側に、広大な敷地を有する仏舎利を祀る金剛戒壇が配置さ

仏舎利塔。塀の向こうにちらりと見える

金剛戒壇。本殿の南側面

れていることによるのかもしれない。

大雄殿に

通度寺が独特なのは、この大雄殿の中である。ご本尊になる仏像が安置されていないのだ。北側は大きく壁があけられて一面が窓になっている。そこから、仏塔が見える。それが、釈迦の真身舎利を祀った仏舎利塔であり、通度寺のご本尊なのだ。その窓の前に祭壇が作られ、拝観者はその仏舎利塔を拝んでいる。

一日のうち9時半から14時半の間だけ金剛戒壇への通路が開けられ、この戒壇の敷地に入ることができるようになっている。それ以外の時間帯は、隙間から覗くことになる。

大雄殿の南側は、もっとも開けた空間になっていて、この仏殿が見わたせる。南側に掛かる扁額には「金剛戒壇」の文字。同じ仏殿の四方それぞれに別の名前の扁額が掛かる。建物は南北に長い長方形だろうか。屋根が形よくそり、屋根を支える柱が斜めに広がり壮麗さを演出している。風格のある木造建築である。

仏殿の多さと大雄殿へと集中するようにつくられている導線の見事さ。そこに至るまでの参道をも含めた自然景観の厳かな風情。また、参拝する人々の信仰心がつくりだす静けさ。観光として訪れた気持ちが、それだけではないものに変わるように感じた。

大雄殿。本殿の東側面

通度寺由来

開基は、新羅の時代、６４６年善徳女王《ソンドクヨワン》の時。唐で修行した慈蔵《チャジャン》律師が仏陀の袈裟と頂骨（頭の骨）の一部である舎利を持ち帰り、それを安置するため

山菜定食。半月形のものがプクミ

サンチョン食堂

厨房の裏にはジャンの甕が

に建立したと伝えられている。

朝鮮時代、仏教弾圧の後に廃寺、復興されたが、豊臣秀吉による朝鮮侵略で多くを焼失。1645年友雲《ウウン》和尚により再建され、今日に至る。韓国最大宗派の曹渓宗の寺院で、三宝寺院、五大叢林の一つ。寺名の由来には3つの説があるといわれるが、その一つが、法に通じて衆生を救済して彼岸へ渡す＝済度するというものである。

食事と休憩は

一柱門の近くに、ククスなどを食べることができる食堂と、売店を兼ねた茶店がある。また、バスターミナルから歩行者用参道に入るところまでは洒落たカフェや山菜料理などの食堂が並んでいる。

参道入口のチケット売り場横の「サンチョン」という食堂に入った。山菜定食《サンチェジョンシク》や蓮の葉ご飯定食《ヨンパッチョンシク》、マッククスなどがあり、一人1万ウォンの山菜定食を食べた。そば粉で作ったプクミが美味だった。それぞれのバンチャンがやさしい味で、山菜の持つ苦みや青臭さをおいしく感じることができた。渉

DATA

通度寺《トンドサ》　통도사

【住所】梁山市下北面通度寺路108
【電話】055-382-7182
【時間】8:30～17:30（季節変動あり）
【休み】月曜、秋夕・旧正月
【料金】₩3000　【MAP】P69
【行き方】釜山総合バスターミナルから市外バスで30分、₩2200、約20分間隔。通度寺新坪バスターミナルから徒歩30分。

三星半月橋

晋州ビビンバ。花飯の別名のとおり、混ぜると花が咲いたようだ

晋州

진주／チンジュ

混ぜる、混ぜる。いろいろなものを、あれもこれも、あんなことも、こんなことも。どれもが味わいにつながるはずだ。

晋州ビビンバ

釜山の西部バスターミナルから1時間30分ほど。バスは晋州の市外バスターミナルに着いた。

バスを降りると、迷わず中央市場へ。めざすは市場を抜けた場所にある晋州ビビンバの店。晋州ビビンバは三大ビビンバの一つといわれる。

店の名は「天凰食堂《チョナンシッタン》」。開業80年を超える老舗。この店は店構えから魅力的だ。かつての日本家屋である。曲がり角に面した昔ながらの瓦葺きの店。入るとタイムスリップしたような気分になる。椅子やテーブル、時計、壁、すべてがテレビや映画で見た昭和初期の趣だ。その奥には中庭があり、その庭に面して小部屋になった離れもある。

時間は11時前。入口そばのテーブル席に座る。運ばれたビビンバの中央には赤いコチュジャン。その

ビビンバ。混ぜる前

天凰食堂店内

天凰食堂

横には、負けずに赤いユッケ。晋州ビビンバは、ユッケという味付けした生の牛肉を盛ったユッケビビンバなのだ。混ぜやすいように小さく切られたナムルが敷き詰められている。見た目が美しい。混ぜていく。全体が薄い赤色に染まる中、ナムルの緑や白、黄色の色彩が映える。晋州ビビンバは別名花飯という。ナムル自体は少し塩辛い味付けが施してある。それがユッケの甘さを引き立てる。コチュジャンの味は前面に強く出ない。ビビンバはビビンしてちょうどよい味になる料理なのだ。

　バンチャンのスルメ、カクテギは手作り感が溢れる素朴な味わい。キムチは透明度を持つ古漬けキムチ。すっぱさが口中に広がる。そして牛の血のかたまりが入ったスープ、ヘジャンクッがつく。これもこの店の特徴だ。鉄っぽさをほのかに感じる。

　仕事の合間にちょっとご飯を食べに来た人。土曜日にどこかに出かけようと着飾った友人を見送る普段着の友の二人連れ。もう少しすると、店は混み出すのだろう。

　この店のビビンバは、一度食べると時折思い出しては無性に食べたくなる一品である。

晋州城

　腹ごしらえをした後、晋州城に向かう。

　まず、南江《ナムガン》を渡る。対岸から朝鮮三大楼閣建築の一つ矗石楼《チョッソンヌ》を見るためだ。夏の日射しが暑い。川岸には遊歩道が整備され、矗石楼がよく見える。ちょうど正面に位置するところに、見晴台が作られている。

　三大楼閣の一つである密陽の嶺南楼と本殿の形は似ているが、嶺南楼が左右に別殿を設けていたのに比べると、ここは本殿のみで屋根の構造はシンプルに見える。ただ、朝鮮戦争で消失したものを1960年に再建したということもあるのだろうが、屋根の漆喰の白さや、柱の色彩が鮮やかさを保ち、歴史を感じさせながらも古びていない。楼閣を囲む城壁から川へと階段が伸びている。その階段の先に大きな石。おそらく義妓論介《ノンゲ》の石だろう。

　楼閣の全貌を確認して、晋州城の入口に行く。入口は二カ所。南江沿いにある東の矗石門《チョッソンムン》と北の

晋州城の北門

対岸から矗石楼をのぞむ

拱北門《コンブンムン》。拱北門から入った。城内に入ると金時敏《キムシミン》の銅像に出会う。壬辰倭乱の時、細川忠興ら２万余りの秀吉軍を３８００余名の軍士と城民で打ち破ったという英雄だ。晋州城は壬辰倭乱での朝鮮三大勝利の戦場として知られている。

整備された芝生の中の歩道を歩く。ゆるやかな勾配の先に北将台が現れる。城内外を見おろして指揮する場所だけあって、景観が素晴らしい。風が気持ちいい。ここから全周１７６０メートルの城壁に沿って西へ歩くと国立晋州博物館がある。伽耶の頃の古代史や壬辰倭乱の歴史に触れることができる。日本で使われている三種類の歴史教科書が、豊臣秀吉の朝鮮侵略のページを開いた状態で展示されていた。

晋州城のシンボル矗石楼に向かう。楼閣が近づくにつれて、乗りのいい拍子をとる楽器の音と人々の歓声が大きくなる。何があっているのだろう。楼の

靴と韓服。昔と今が

無形文化財公演—矗石楼で

国立晋州博物館

北将台

高床の下では出番を待つ韓服を着た人々。階段には靴、靴、靴。矗石楼は、にぎわいに包まれていた。演じられているのは仮面劇。観客は、リズムをとりながら、笑い、語らい。ビデオ局も来て撮影をしていた。宴に迷いこんだ、土曜の午後。楼の隅では蓮のお茶が振る舞われていて、浮かんだ蓮が涼しげだ。4月から10月までの期間、毎週土曜日の午後、晋州市無形文化財土曜常設公演が開催されていて、この日の演目は晋州五廣大というもの。他にも、国家重要無形文化財の晋州三千浦農楽と晋州剣舞、慶尚南道無形文化財の晋州抛毬楽舞、晋州教坊グッコリ踊り、中寛龍流伽耶琴散調が演じられているらしい。

リズムを取りながら、南江を見下ろせる南側へと移る。南江はゆるやかに流れている。この川面を見おろして立つ晋州城。楼閣のたたずまいに夏の陽射しも立ちどまる。

義岩

矗石楼から南江に降りられる石段がある。これが対岸から見えた階段だ。そこを降りると義岩《ウィアム》を見ることができる。

中央の石が義岩

壬辰倭乱での朝鮮大勝利の翌年、日本軍は9万の軍勢でこの城を攻め、城は陥落する。その日本軍の祝宴の時、集められた妓生《キーセン》の一人、論介《ノンゲ》が泥酔した侍頭を誘い出し、一緒に川に身を投じた。その身を投げた岩が、義に徹した岩、つまり義岩である。論介は、その義烈を称えられ、矗石楼の隣に義妓祠が建てられ祀られている。

ウナギ

アナゴ

論介を祀る義妓祠

チャンオ（ウナギ）通り

城内に北門から入ったのは、東門に出て、そこでウナギを食べようと考えていたからだ。東門の矗石門を出ると、南江のほとりにウナギの店が並ぶ。チャンオは漢字で書くと長魚。長い魚で、ウナギはミンムル（淡水）ジャンオ。アナゴはパダ（海）ジャンオ。破風のある入り組んだ瓦屋根の店「ユジョンジャンオ」に入る。対岸から眺めたときも、この店の店構えが目立っていたのだ。メニューは壁に貼ってあり、僕らが日本人だとわかると、日本語が少しできる店員が来た。アナゴとウナギをそれぞれ一人前ずつ頼む。

アナゴは固形燃料で保温された皿で出てきた。食欲をそそる焼けたコチュジャンの色。口に入れると締まった身の食感がいい。甘辛さはエゴマなどの野菜に巻いた時により美味しさを発揮する。

ウナギは違う味付けの韓方《ハンバン》ソースにした。数種類の韓方を使った秘伝のたれで、店の人は醤油味と説明した。熱い鉄の皿に敷いたタマネギの上にふっくらとしたウナギが盛られ、照りのあるソースの色に誘われる。焦げたような香ばしさ。ほどよいほのかな甘さがいい。並んだバンチャン。ウナギもエゴマやサンチェの葉にくるんで食べる。日本のウナギほどにはふっくらした感じはないが、蒲焼きとはまた違った味わいがある。ウナギは一人前2万6000ウォン、アナゴは1万9000ウォン。ウナギが高価なのは日韓共通だ。渉

ユジョンジャンオ

メニューの横になぜかカメ

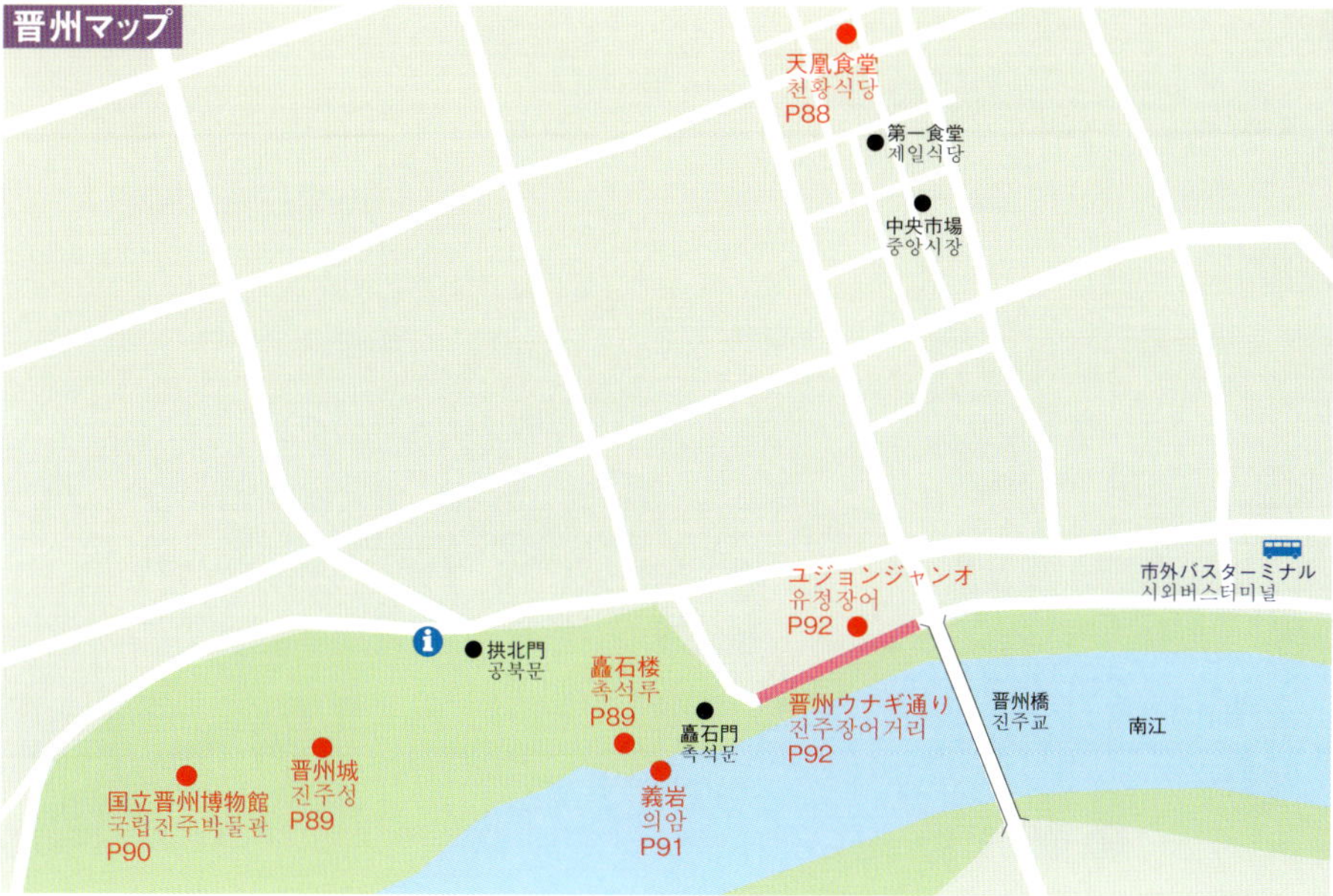

DATA

晋州城《チンジュソン》　진주성

【住所】晋州市南江路626
【電話】055-749-2480
【時間】9時〜18時　【休み】なし
【料金】₩2000　【MAP】P93

天凰食堂《チョナンシッタン》　천황식당

【住所】晋州市矗石路207番ギル3
【電話】055-741-2646
【時間】9時〜21時
【休み】第1･3日曜、旧正月、秋夕
【MAP】P93

ユジョンジャンオ　유정장어

【住所】晋州市論介ギル27
【電話】055-746-9235
【時間】10時〜23時
【休み】なし　【MAP】P93

晋州への交通

●釜山から
西部市外バスターミナルから1時間30分、₩7700、15〜20分間隔。

●ソウルから
高速バスターミナルから3時間20分、₩23000、20〜30分間隔。南部バスターミナルから3時間40分、₩20300、20〜30分間隔。

チャンオ通り

慶和駅。2012年、CNNが「韓国で必ず行きたい美しい場所50選」に選んだことから、広く知られるようになった

桜紀行

鎮海
진해
チネ

軍港祭

桜といえば鎮海。街中や峠で30万本もの桜が咲き誇る様は圧巻だ。軍港都市でもある鎮海では、毎年4月1日から10日、桜の季節に「軍港祭《クナンジェ》」が開催される。海軍士官学校が一般公開され、会場では週末を中心に各軍の儀仗隊や軍楽隊の公演、パレードも行われる。

海軍軍楽隊の公演

慶和駅で

慶和駅《キョンファヨッ》は、駅舎もなく、普段は旅客列車も通らない無人駅。桜のシーズンだけ別世界になる。軍港祭の期間に1日数回運行される臨時列車が、桜のトンネルをゆっくり通り抜ける。その様子を写真に納めようと、ホームも線路の上もカメラ片手の観光客で大にぎわいだ。列車が近づくとホームに上がるよう係員が注意して回るのだが、わざわざ線路に降りていく人も多い。ホームに上がっても係員が通り過ぎた傍から線路に身を乗りだす。少しでも迫力ある写真を撮ろうとする観光客と、それを制する係員の笛との攻防戦があちこちで繰り広げられる。祭の期間中、列車が通るたびにこの騒動が繰り返されるのだろう。

慶和駅。ドラマ「春のワルツ」（2006年・KBS）のタイトルバックにも登場する

帝皇山公園から中園ロータリーを望む

鎮海名品「ポッコッパン」。桜風味のあんが入った饅頭。10個入り₩6000

余佐川ロマンス橋。ドラマ「ロマンス」（2002年・MBC）のロケ地として知られ、ロマンス橋と呼ばれるようになった。川の両側の桜がトンネルのように咲き誇る、桜の名所だ

鎮海《チネ》への交通

釜山西部市外ターミナルから約1時間、₩5100、約20分間隔。

DATA

慶和駅《キョンファヨッ》 경화역

【MAP】P69

【行き方】鎮海駅前から307番バスで約10分。

月城周囲の桜と菜の花

慶州
경주
キョンジュ

もう一つ、桜で知られる街が慶州。毎年4月上旬には約20万本の桜の中で、「さくらマラソン&ウォーク」も行われている。世界遺産の慶州歴史地域や仏国寺周辺、普門湖など桜の名所も多く、観光しながら桜も楽しめる。

大陵苑横の桜並木。観光馬車も走る

大陵苑の中の味鄒王陵

仏国寺の駐車場。黄色いケナリ（レンギョウ）と桜が一度に楽しめる

雁鴨池の周囲も桜並木。桜見物の車で大渋滞

満開の桜が青空に映える

温泉川公園。桜と菜の花が川面に映る

西面ロッテデパートの裏通りの夜桜

南川洞桜通り。見事な桜のトンネル

釜山

부산

プサン

わざわざ近郊の街へ出かけなくても、釜山市内にも桜の名所はたくさんあるのだ。

悠

タルマジギル。月見の名所であり、桜の名所。桜並木が切れ目なく続く

全羅北道

朝鮮を作った全州李氏の故郷全州は、古都であり、食都である。食べる、見る、体験する。旅の楽しさを満喫できる。奇観馬耳山や春香伝の舞台南原へも足を延ばしたい。

全羅北道マップ

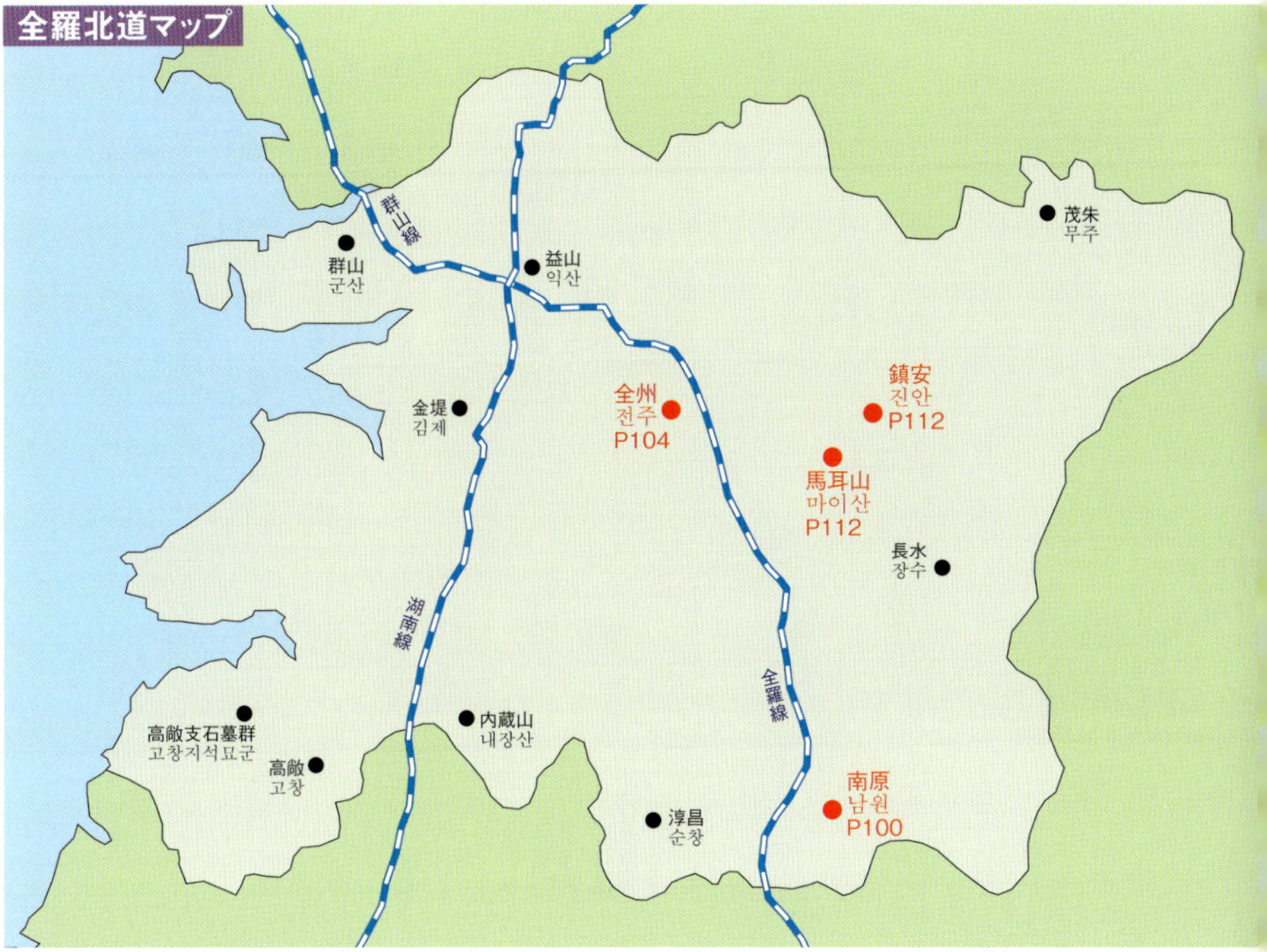

全州韓屋村周辺マップ

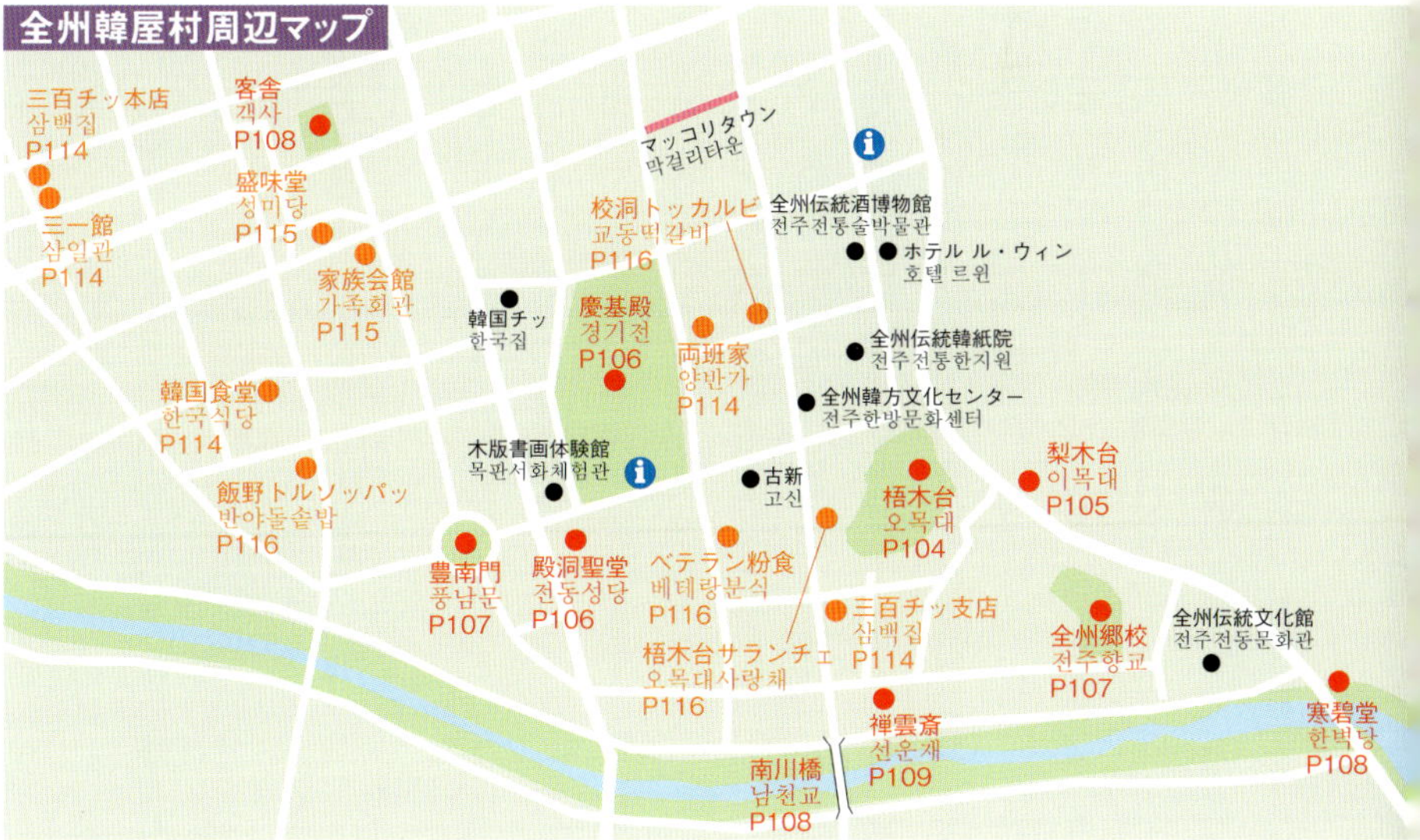

広寒楼と烏鵲橋

南原

남원／ナモン

『春香伝《チュニャンジョン》』の舞台、愛の街、南原。天の川に架かる橋もある。その橋を渡るとき感じるのは、出会いへの期待、それとも、出会えたことへの感謝だろうか。

地上に現れた天宮殿　広寒楼苑

広寒楼《クァンハルル》という名前は、月の世界にあるという宮殿、広寒清虚府にちなんで名づけられた。

正門にかかる扁額には「清虚府」の文字。庭園は、手入れがいき届いた芝生の中に景観を妨げないように樹木が配置され、開放感がある。空が広い。

まず、最初に迎えてくれるのが「玩月亭」という楼閣だ。二層で、二階部分前面にテラスがある。長方形の池の端に建ち、そのテラス部分だけが池の上にせり出している。水面に楼閣が映る。夜、月をめでながら楼閣の上で、時に宴席をし、時に詩文を詠んだのだろう。きっと水面には月や星。空を見あげるだけではなく見おろす。天宮の住人になったような気分を味わえたのかもしれない。月と戯れる。楼

玩月亭

広寒楼苑入口

閣は月の出を見られるように東側を向いている。「広寒楼」は、庭園の外を流れる寥川から水を引き入れた「平湖」の湖畔に建てられている。楼閣は屋根の反りが柔らかく、湖の縁の曲線と呼応しているようだ。湖は天の川をイメージして作られていて、楼閣の東西に広がっている。中央から東側の湖の中には、漢拏山、金剛山、智異山を表す3つの島がある。そして、西側には「烏鵲橋《オジャッキョ》」が渡されている。

　烏鵲橋。7月7日に彦星と織姫が出会うとき、鵲《かささぎ》が羽根を広げて天の川に橋を作ったという七夕伝説に、『春香伝』の成春香《ソンチュニャン》と李夢龍《イモンニョン》の物語を重ねて作られた橋である。この橋を年に一度渡ると夫婦の仲がよくなり、子どもが幸せになるらしい。橋は石造りで、よく太った鯉にエサをあげたり、橋の上から広寒楼を眺めたりと、楽しめる。

烏鵲橋

　この広寒楼苑は、春香と夢龍が出会った場所なので、それにちなんだ建物が作られている。春香の肖像を祀る「春香祠堂」。春香の母の名をつけた「月梅の家」。春香の一代記を絵で伝える「春香館」。そして、背が高いブランコ。漕ぐのが難しいようで、家族連れの笑い声と歓声があがっていた。

ブランコ

チュオタン通り

広寒楼苑を散策したら、食事は苑を出て西側にあるチュオタン通りへ。南原名物のドジョウのスープ、チュオタンの店がずらりと並んでいる。『春香伝』を意識してつけられた「イドリョン食堂《シッタン》」（李ぼっちゃんの食堂）という店に入った。やはり全羅道。バンチャンの数が多い。

　チュオタンは各地域によって作り方に違いがあり、ソウル式はドジョウが原形のまま入っているらしいが、南原式はすりつぶす。ドジョウは、その姿がわからないほどすり潰されて、シチュー状になってい

チュオタン通り

チュオタン

街の中いたる所に『春香伝』

る。色は赤く、辛さはあるが、辛さが立ってはいない。少しとろみがあり、甘さを感じる。たっぷりの干した大根葉が入り、ニンニクや山椒で、生臭さを消している。ときどき軟骨をつぶしたようなコリッとした食感を感じる。体が中から暖まってくる。お腹のあたりが、いつまでもほかほかしていた。

南原はパプリカの産地で、生産されたパプリカはほとんど輸出されるということだ。輸出先は、日本。パプリカの赤や黄色に、春香のチマやチョゴリを連想したとまで言うと、少々言い過ぎだ。(歩)

南原への交通

●釜山から
西部市外バスターミナルから2時間40分、₩18400、1日9本。

●ソウルから
龍山駅からKTXで2時間、₩39200、1日10本前後。
セントラルシティバスターミナルから3時間、₩22400。

DATA

広寒楼苑《クァンハルルウォン》　광한루원
【住所】南原市蓼川路1447
【電話】063-625-4861
【時間】8時～20時　【休み】なし
【料金】₩2500　【MAP】P102

春香《チュニャン》テーマパーク　춘향테마파크
【住所】南原市楊林ギル14-9
（南原観光団地内）
【電話】063-620-6836
【時間】9時～22時(冬期～21時)
【休み】なし　【料金】₩3000
【MAP】P102

Column

春香伝

朝鮮時代のこと。南原府使の息子李夢龍《イモンニョン》は科挙のため勉強の日々。気晴らしに出かけた広寒楼で、ブランコをこぐ成春香《ソンチュニャン》を見初める。二人は愛し合うようになり、永遠の契りを結ぶ。しかし夢龍の父が漢陽《ハニャン》に栄転となり、夢龍も南原を離れることに。両班の息子と妓生の娘という身分違いで正式な結婚はできず、夢龍は「いつか必ず科挙に合格して迎えに来る」と誓って春香に別れを告げる。

後任の府使卞学徒《ピョンハクト》は、名だたる好色漢の悪代官。才色兼備の春香の噂を聞きつけ、妾になれと迫るが、春香は「二夫にまみえることは二君に仕えることと同じ。私は貞節を守る」と拒む。怒った卞学徒は春香を投獄し拷問するが春香の意志は変わらない。

そのころ、科挙に首席合格した夢龍は暗行《アメン》御使《オサ》（秘密裏に地方官吏の監察を行う王直属の官吏）となって南原に潜入していた。ついに反逆罪の罪を着せられた春香が処刑されようとするその時、「暗行御使出道！」の声とともに馬牌《マペ》を高々と掲げた夢龍が現れ、春香を救い出す。二人は王の許しを得て身分を越えて結婚し、幸せに暮らしたとさ……。

春香テーマパーク
パークを回ると、人形や絵で『春香伝』のストーリーをたどることができる

本来はパンソリの演目だった「春香歌」が18世紀に小説化されたもので、韓国人なら知らぬものはない有名なラブロマンス。映画化も10回を超える。

パンソリは、太鼓のリズムに合わせて一人の歌い手が身振りを交えて歌い語る、韓国のソロオペラとも言われる伝統芸能だ。朝鮮時代に全羅道を中心に発展したが、現在も完全な形で伝えられるのは「春香歌」を含む5つの演目のみ。上演時間は一番長い「沈清歌《シムチョンガ》」だと8時間、「春香歌」でも5時間近くかかるそうだ。

そのパンソリを全面的に取り入れて映画化したのが、イム・グォンテク監督の『春香伝』（2000年）だ。パンソリの上演場面から物語の中に入って行き、語りにのって進んでゆく。パンソリに引き込まれるか、二つの世界にとまどったままか、見る人によってどちらかに分かれそうな映画だ。

広寒楼苑と川をはさんだ南原観光団地にある春香テーマパークは、この映画『春香伝』のセット場だったところ。いくつかの場面が人形で再現されている。悠

梧木台から見た韓屋村の瓦屋根の波

全州

전주／チョンジュ

キワチプ（瓦屋根の家）が時《とき》の波をつくっている。全州には、全州の時間がある。一度その流れに身をまかせれば、抜けだすのが、少し、かなしい。

全州へ

釜山から高速バスで全州に行く。時間は3時間ほど。慶尚道から全羅道へと走る。嶺南《ヨンナム》から湖南《ホナム》へ、かつての新羅から百済へという移動である。

全州は朝鮮王朝を開いた李成桂《イソンゲ》の先祖の出身地である。また、統一新羅末期の後三国時代に後百済の都が置かれたところでもあり、歴史を持った町だ。その朝鮮時代の街並みを残した韓屋村の散策が、この街の楽しみの一つだ。

梧木台

全州韓屋村《ハノンマウル》。どこから回らなければならないかなんて、別に決まっているわけではない。まず、村の

全州街並み

梧木台

全体を見たい。そう考えて梧木台《オモッテ》に登った。梧木台は、韓屋村の東側に位置する小高い丘で、緩やかな傾斜と階段を進めば、頂上が開け、楼閣が現れる。李成桂が、高麗時代に倭寇を撃退した後、宴を開いた場所である。

韓屋村の景色を見たければ、この頂上よりも階段の途中に設置された撮影スポットの方が景観はいい。というのも、頂上の周囲は樹木が茂っていて、視界が遮られるからだ。ただ、木々の茂りが夏には心地良い。木立を縫う涼しい風に吹かれて、楼閣に上がる。旅行者風の学生や地元のアジュンマたちが、おやつを囲んでささやかな宴を開いていた。そのかたわらで、地図を開く。観光案内所でもらった地図だ。どう回るかを決めて、韓屋の路地へと降りていく。

ここは、日が暮れるとライトアップされる。それをねらって登る人も多い。辺りが暗くなってから登ってみた。歩いていると、突然後ろから「こちらに行っていいのですか」と、女の人に日本語でたずねられた。「いいと思います」とふり返ると、女性一人、男性二人の韓国人大学生だった。通路に明かりが灯ったのは、それから数分後。梧木台にはカメラのフラッシュも瞬いていた。

梧木台から大きな通りの対岸に梨木台《イモッテ》という場所がある。梧木と梨木。対になっているが、こちらは碑があるだけ。そこへの細い道でリスに出合った。

韓屋村

古さを守る新しさ。そんな思いにとらわれる。

700余りの古風な瓦屋根の家が並ぶ。その家々を縫うように、土壁が道を作りだす。古色蒼然とした街並みをそのまま残しているわけではない。補修を繰り返しながらかつての姿を維持している韓屋と景観を崩さ

全州韓屋村

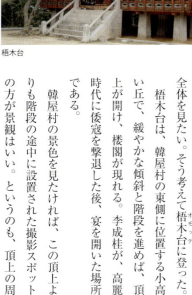

慶基殿。外の賑わいとは別世界

韓屋村の道。塀の模様が美しい

ないように新しく建築された韓屋が街並みを作りだしている。道路は歩きやすく舗装され、水路や植え込みがある。家々の壁や塀も単に土壁というのではなく、瓦を組んで様々な模様を描きだしている。飲食できるところ、買い物できるところ。そして韓紙で工芸品を作ったり、葉書を作ったり、楽器に触れたりと体験できるところ。伝統家屋と文化施設、文化財を共存させながら現代のニーズに応えられる観光地にしている。伝統茶を飲める茶館もあれば、パッピンスが食べられるおしゃれなカフェもある。ぶらぶら、つらつら、思い思いに時を過ごせる。

歴史的な建物を見たいと思えば、慶基殿《キョンギジョン》、殿洞聖堂《チョンドンソンダン》、豊南門《プンナムムン》がメインになるかもしれない。

慶基殿

李成桂の御真影を奉安するために建築されたところだ。誰もが馬を降り敬意を表さなければならない下馬碑を過ぎて、敷地の中に入れば、静謐な空気に包まれる。正殿正面に張り出した部分があり、その奥に李成桂の御真影が祀られている。その前に立てば、訪れた人々も囁くような声になる。偉功に対する敬意だろうか。実際、この近くにあった全州郷校という朝鮮時代の教育施設は、学生たちの声が李成桂の安らかな眠りを妨げるという理由で移転したと伝えられている。むしろ李成桂はその声が聞こえるとうれしかったのでないかとも思うのだが。現在、慶基殿の前は大通り。土産物屋と食堂で最も賑わっている場所の一つになっている。

慶基殿には御真博物館があり、正祖《チョンジョ》や英祖《ヨンジョ》らの御真影の複製が展示されている。それにしても、この二人、ドラマ「イサン」の俳優とそっくりで驚いた。また、「朝鮮王朝実録」を保管する全州史庫《チョンジュサゴ》も復元されている。

殿洞聖堂

慶基殿を出れば、すぐ近くに聖堂がある。朝鮮時代のカトリック殉教地に1914年建設された聖

殿洞聖堂

豊南門

堂。韓国でもっとも美しい洋風建築といわれる。特に正面の赤煉瓦でできた3つの塔はすばらしく、入場することを忘れて見とれてしまう。聖堂の中はアーチ型の窓や天井が荘厳な雰囲気を作りだしている。夕刻、辺りが暗くなるに連れてライトアップされ、明かりの中に浮きあがる姿も必見である。

豊南門

慶基殿と殿洞聖堂のある一画から大通りを渡り、韓屋村を出れば、城門が現れる。かつて東西南北4カ所にあった全州城門で唯一残っている南門が豊南門である。1980年に修復整備された。湖南第一城という扁額が掛かった堂々とした門とそれを囲む曲線を持つ城壁のしなやかさ。城壁の上に楼閣が載ったような門楼様式で、ソウルにある南大門や水原の城門に似ている。門のロータリー周辺は市場になっていて、全州市民の生活が感じられる。

全州川沿いを歩く

少し雑踏から離れたいと思ったら、梧木台の南側、全州川方向に出てみるといい。川原の近くにかつての教育機関であった全州郷校《ヒャンギョ》がある。構内には樹齢400年になるという銀杏の木があり、まさに学校といった雰囲気が漂っている。それもそのはずで、現在もさまざま伝統教育が行われていて、門には「全州郷校日曜学校」という木札も掛かっていた。

ここから全州川の川原に出れば、橋の中央

豊南門。城壁の曲線にみとれる

全州郷校の明倫堂

全州郷校の日月門

部に晴烟楼という楼閣を持つ南川橋が見える。人々は、その楼の中に座り、雑談している。夕暮れの陽射しが橋をぼんやりと映し出す。川原の遊歩道では、すすきをぬって散策する地元の人がいた。

韓屋村の南東には寒碧堂《ハンビョッタン》という小さな楼閣がある。川に面した崖に造られた楼閣で、文人墨客たちはここで、全州川を眺め、時に、立つ霧に興じ、時に、絶壁を照らす月をめでたのだろう。

春から秋にかけて、この寒碧堂のあたりから川に沿って川魚を食べさせる縁台が並ぶ。夏に来たときは、その縁台で川魚の鍋（オゴリタン）を食べながら楽しげにお酒を飲んでいるグループがいた。さすがに冬には縁台は畳まれていて、食事する人は店の中にいた。

客舎

朝鮮時代の儀式が行われた迎賓館を客舎《ケッサ》と

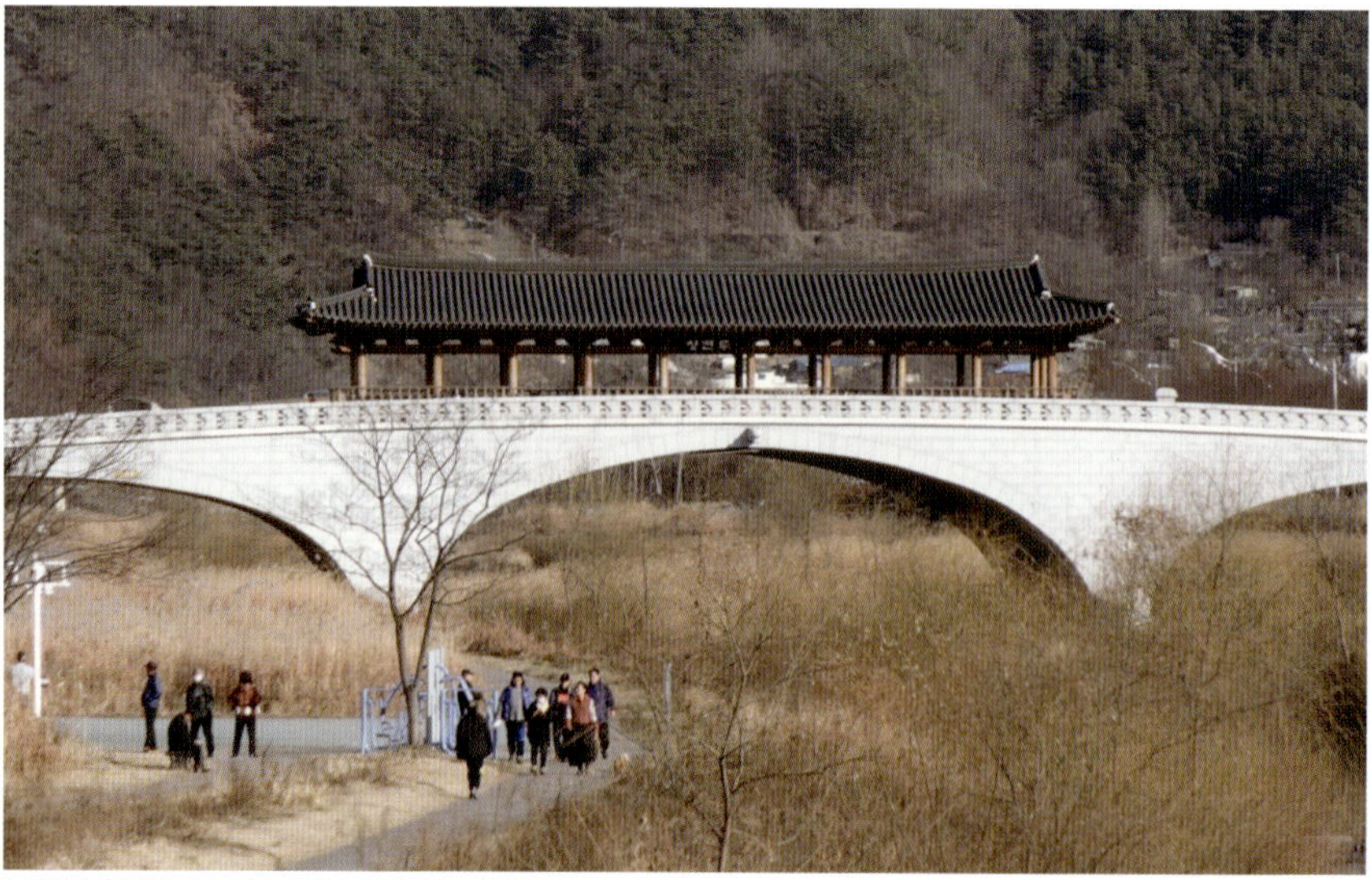

南川橋と晴烟楼。橋の上に建物がある珍しい構造

客舎（豊沛之館）

寒碧堂

いう。韓屋村から離れ、全州一の繁華街の近くにある。格好の待ち合わせ場所で、たくさんの人が座り込んでスマホを眺めながら相手を待っていた。その上には「豊沛之館」と書かれた扁額。朝鮮王朝の開祖李成桂一族発祥の地を、漢を開いた劉邦の故郷豊沛に重ねて、つけられたものである。朝鮮王朝約500年、漢の約400年より長く続いた。

韓屋ホテルに宿泊

全州に来たなら韓屋ホテルに宿泊したい。韓屋村には伝統的な韓屋の民泊が多い。しかも、多くの民泊がリノベーションを行って、トイレ、シャワーを各室ごとに設置している。もちろん、昔ながらの共用の宿もあるが、そこでも清潔な施設になっている。

どこに宿泊するか迷った結果、決めた宿は「禅雲斎《ソヌンジュ》」。宿の主人が日本語堪能であるというところが決め手の一つだった。全部で6室。細い路地を入ると入口があり、こじんまりとした中庭に面して部屋がある。部屋自体は、特に広くはないが、二人なら十分な広さ。この宿の外壁や室内は、健康によいといわれる黄土《ファント》という土をふんだんに使っている。確かにしっかりとした土壁の質感があり、隣室の音が聞こえない。壁紙に韓紙を張り、床暖房のオンドルに韓国カラーの布団、調度品も木を使った民芸家具が置かれ、風情満点だ。それにエアコンや冷蔵庫、薄型テレビといった現代人の必需品（？）が加わり快適さを備えている。

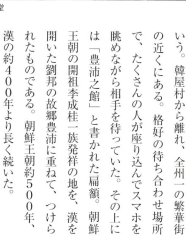

冬に韓国を旅行するとオンドルのありがたさを実感できる。床から伝わる暖かさが全身に伝わり、体を内側から暖める。

宿の主人は親切で、室内には観光地へのバスの時刻や所要時間、運賃を書いた日本語の案内が置かれている。食事の案内やタクシーの手配などにも気配りが感じられる。ホテルサイトで予約を入れた後、すぐに確認メールが送付されてくる点や日本語ホー

ゆっくり行こう

客室内部

中庭に面した部屋の扉

ムページが上手く作られている点なども含めて、安心の宿である。

韓屋村内にはいくつかの民泊があり、広い庭を備えている宿や体験型の行事を開設している宿、朝食を提供する宿もある。また、かつての韓屋を残している民泊もある。朝鮮時代の風情を最大限に生かしている民泊もある。それぞれの用途、趣向に合った宿を探すことから旅の楽しさは始まるだろう。ただ、部屋数はどこも4～6室とこじんまりしている。

一つだけ。民泊にはフロントはなく、主人は私用で出かけていることもあるので、チェックインの時には、大きな声で「アンニョン」か「こんにちは」と叫ぶことが必要だ。僕らの場合は、お向かいの店のお兄さんが現れて、宿の主人を捜してくれた。

その他の宿

高速バスや市外バスでの移動を考えるなら、バスターミナルの近くにホテル街がある。「宮《クン》観光ホテル」は、バスターミナルへの近さと朝食で人気だ。朝食とは思えないほどの質と量。全羅道の食事の豊かさがテーブルに溢れる。胃袋がいくつかあればいいのにと思ってしまう。歩

禅雲斎。外壁に大きな絵

市内北部の徳津公園。夏は蓮の花が湖面を覆う

伝統茶でひと休み。韓屋喫茶「古新」

宮観光ホテルの朝食

DATA

慶基殿《キョンギジョン》 경기전
【住所】全州市完山区太祖路44
【電話】063-284-2337
【時間】9時～18時(季節変動あり)
【休み】なし(御真博物館は月曜休館)
【料金】₩1000 【MAP】P99

殿洞聖堂《チョンドンソンダン》 전동성당
【住所】全州市完山区太祖路51
【電話】063-284-3222
【時間】5時30分～20時 【休み】なし
【料金】無料 【MAP】P99

全州郷校《チョンジュヒャンギョ》 전주향교
【住所】全州市完山区郷校ギル154-20
【電話】063-288-4548
【時間】9時～18時(季節変動あり)
【休み】なし 【料金】無料 【MAP】P99

客舎《ケッサ》(豊沛之館《プンペジグァン》) 객사(풍패지관)
【住所】全州市完山区忠景路59
【電話】063-281-2787 【時間】9時～18時
【休み】なし 【料金】無料 【MAP】P99

禅雲斎《ソヌンジェ》 선운재
【住所】全州市完山区郷校ギル80
【電話】063-232-3288 【MAP】P99

宮《クン》観光ホテル 궁관광호텔
【住所】全州市徳津区龍山1ギル17-4
【電話】063-255-3311 【MAP】P111

全州への交通

●釜山から
西部市外バスターミナルから３時間10分、₩17000、１日12本。
総合バスターミナルから３時間20分、₩23700、１日12本。

●ソウルから
セントラルシティバスターミナルから２時間40分、₩18700、10分間隔。
龍山駅からKTXで1時間40分、₩34400、１日10本。

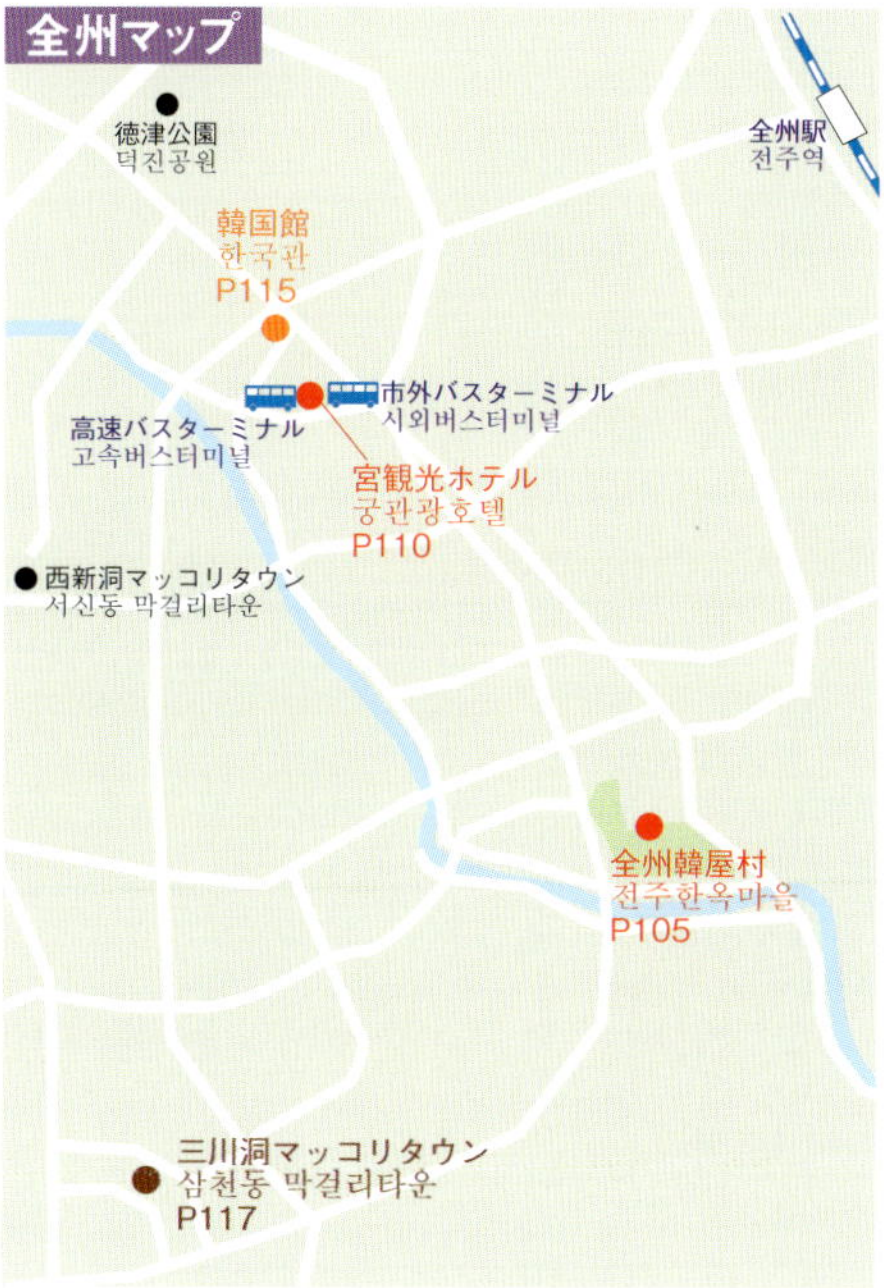

銀水寺

馬耳山

鎮安　馬耳山と塔寺

鎮安《チナン》。全州近郊の小さな町なのだが、ドラマ「49日」「いとしのソヨン」ではヒロインの出身地として、「屋根部屋のプリンス」では転職先として出てくるなど、ロケ地として人気の町だ。文字通り馬の耳の形をした馬耳山《マイサン》が映るだけで鎮安だとわかるのも良いところだろう。今回の目的地もその馬耳山と麓にある塔寺《タッサ》。

全州からのバスは馬耳山を横目に、商店街を通って小さなターミナルに着いた。ここから馬耳山北部駐車場までのマウルバスは1時間に1本だが、運良く10分後の出発。バスの名前はムジンジャン。茂朱《ムジュ》・鎮安・長水《チャンス》の3つの地名の頭文字を合わせたもので、無尽蔵《ムジンジャン》と同音。なかなかいいじゃないか。車窓から馬耳山を見ているうちに7分ほどで到着した。

ここから馬の両耳にあたる二つの峰の間を越えて行く。訪れたのは元日。数日前に降った雪がまだ解け残っている。長い階段を、滑らないよう平らな部分を探しながら、10分ほどゆっくり登る。

登り切ったところは休憩所になっている。西の雌馬耳峰には登山道があり、鎮安の町が一望できるということだったのだが、植生復元のため閉鎖中とのこと。また東の雄馬耳峰には洞窟があるのだが、そこへ上る階段は雪が積もっていて、これまた上れそうにない。

ひと休みして、反対側の階段を降りる。こちらは南斜面なので雪もほとんど解けている。太鼓の音が聞こえてくる。銀水寺《ウンスサ》だ。雄馬耳峰を背にして建つほかの建物に比べて、国内最大という法鼓が目立っている。ここからは坂道を下っていく。緩やかなのだが雪が踏み固められていて滑る。あちこちで悲鳴が上がっている。

やがて道の下に塔寺が見える。本当に石塔だらけ。朝鮮時代末期、李甲龍《イガムニョン》という人が30年以上かけて積み上げたもの。15メートルを超える物から1メートルほどの物まで、きれいな円錐形の石塔80基ほどが残っている。セメントなどで固めていないのに、台

塔寺の円錐形の石塔

塔寺。奥の二つが天地塔

風でも倒れたことがないという。陰陽の理法で建てられたとか、道術を使って全国の石を集めたとか、いろいろ伝説があるようだ。

大きな石塔には名前がついている。薬師塔、日光塔、月光塔。なるほど、境内全体が仏殿で、石塔は仏像にあたるのか。すると奥にある一番高い二つ並んだ天地塔がご本尊というわけだ。斜面の高いところにあるので、下からだと仰ぎ見るような高さだ。

もう一つ、この塔寺で有名な物が逆さつらら。寒い日に器に水を入れておくと、凍った水が細い柱になって斜め上へ伸びていくのだそうだ。この日は水が凍るほどは寒くなく、写真で見ただけだったが、ここがパワースポットとして人気を集める理由はわかる気がする。

マイカーで来る地元の人たちの多くは、南部駐車場を利用するようだ。そちらは道がなだらかで名物黒豚カルビの店などもあるのだが、バス利用の私たちは馬耳山を通って、北部駐車場まで戻る。ところが馬耳山を写真に撮ろうとすると、意外と難しい。駐車場からは、手前にある小高い山が邪魔になるし、近すぎると全体が収まらない。かといって街中のバスターミナル付近からは見えない。結局その途中で撮影ポイントを探す。

バスターミナルのある商店街から、鎮安橋を渡り川に沿って歩くと、５００メートルほどで開けた所に出た。橋の上から、高架道路越しに馬耳山がきれいに見える。絵葉書のようにとは言えないが、けっこう満足。

その横の丘の上に四阿ふうの展望台がある。登り口がわからずあきらめたのだが、あとから調べると、隣のスポーツ施設の敷地から行けたようだ。次の機会にはここに登って写真を、と思っている。悠

DATA

馬耳山塔寺《マイサンタッサ》 마이산 탑사

【住所】鎮安郡馬耳山南路367
【電話】063-430-2651
【時間】9時～18時
【休み】なし
【料金】道立公園入場料₩3000
【MAP】P99
【行き方】全州市外バスターミナルから鎮安(진안)行きで約50分、₩4600。マウルバスに乗り換え馬耳山北部駐車場下車。または、全州駅前から馬耳山南部駐車場行きマウルバス、１日３便。

コンナムルクッパ

全州の豆モヤシは韓国一といわれる。ビビンバにも使われていたが、その豆モヤシを活かした料理がコンナムルクッパだ。土鍋に入ったあつあつのスープとご飯、そして、たっぷりの豆モヤシ。辛さが刺激的だが、つけあわせの卵が緩和する。塩加減はセウジョ(アミの塩辛)で、辛さは青唐辛子で、自分の好みに味を調整。二日酔いに効くということだが、朝食に持ってこいだ。

三百チッのコンナムルクッパ

有名店の「三百チッ」と「三一館」は隣り同士。全州に最初に行った時は、「三百チッ」の方がいっぱいで、「三一館」にちょうど空席ができたので、そちらに入った。どちらの店も次々に客が入れ替わっていた。

二度目の訪問の時は、韓屋村内の「三百チッ」に入った。ずらりと並ぶ行列で20分ほど待っただろうか。こちらは店もきれいで、客はほぼ観光客。コンナムルクッパ以外に鶏の唐揚げやビビンバ、マンドゥもあり、家族連れで食べている人が多かった。価格は本店より1000ウォンほど高い。

全州白飯

全州の料理の品数はテーブルの足が折れるほどといわれるが、その最たるものが「白飯《ペッパン》」。行った店は「韓国食堂」。庶民の定食なのだが、これが7000ウォンでご飯の他に24品。テーブルいっぱいに皿が並び、さらに皿の二階建て。焼いたイシモチ、豚三枚肉のコチュカル煮に、納豆が入ったスープのチョングッチャンチゲとキムチチゲにケランチムの土鍋料理三種、サンマの煮付けやジョン、そして各種ナムルなどなど、どれだけ食べるの、いつまで食べるのというすごさ。

韓国食堂の白飯

「両班家」の韓定食になると、白飯とは違う、やや贅沢な韓定食になり、金額の0の数が一つ増える。カンジャンケジャン(渡り蟹の醤油たれ漬け)やプルコギ、トッカルビ、それにゆで豚肉と発酵したエイとキムチを同時に食べるサマッなど30種類ほどの料理がテーブルを埋めつくす。

両班家の韓定食

食の都・全州

全羅道にくるとバンチャンの数が増えると言われる。ビビンバの故郷として知られる全州だが、全州はとにかく料理がおいしい。質量ともに充実しているのだ。どこで食べてもかと尋ねられれば、どこで食べても、たぶん、と答える。

全州ビビンバ

全州ビビンバは、冷蔵庫の残り物をご飯に載せて混ぜる、あの韓国ドラマでたまに見るビビンバとは別物だ。まずビビンバを待つ間に並べられるバンチャンの量に圧倒される。10品以上の小皿が並ぶ。全州の有名店では、この小皿にも手抜きがない。箸をすすめれば、メインへの期待は大きくなる。

家族会館のビビンバ

韓国館のビビンバ

家族会館のケランチム

盛味堂のビビンバ

「家族会館」は、韓国風茶碗蒸しのケランチムがテーブルの中央にどんと置かれる。バンチャンの数13品。店員が彩りを考えて配列する。そして、いよいよ真鍮の器がやってくる。混ぜるのがためらわれるようなトッピングの美しさ。何種類の具が載っているのだろう。数えられるだけで18種類。陰陽五行説に基づく5つの色彩。真鍮の器に色が映る。いざ、ビビン。そして口へ。至福のときが訪れる。

「韓国館」は、店に韓屋の趣がある。メニューには5種類のビビンバの温度が書かれている。真鍮ビビンバ、伝統ユッケビビンバは65度。高麗人参ビビンバと子供ビビンバは25度。石焼きビビンバは150度。60度というのは、食べ終わるまで冷めない温度だという。バンチャンは10種類。ジョンや揚げ物がつくバンチャンの味は絶品だ。コンナムルクッ（豆もやしスープ）もおいしい。韓屋村の中にも支店があるが、こちらは場所代だろうか1000ウォンほど高い。

「盛味堂」は、庶民的な雰囲気がいい。地元の人が次々に来店してくる。この店のビビンバはご飯に特徴がある。全州のビビンバは、牛肉でダシをとったスープでご飯を炊くので、一味ちがうのだが、盛味堂は、さらにコチュジャンやごま油でかき混ぜて炒めたご飯の上にさまざまな具を載せている。すでにご飯がうっすら赤いのだ。その上に華麗な5色の具が盛りつけられている。

その他、ソウルにも店がある「古宮」「韓国屋」「カプキ会館」などが知られている。どの店の味が合うか、食べ比べも楽しい。

食の都・全州

美味名店

韓屋村の中には食事をする場所がたくさんある。カルビを叩いて餅のようにして焼くトッカルビの店「校洞トッカルビ」。タレの甘さが肉のうまみを引き出している。この店は蓮の葉ごはんやミニビビンバ、ネンミョンなどとのセットメニューがある。人気店なので時間によっては番号札を取って並ばなければならない。

他にはカルククスの名店「ベテラン」。メセンイ（あおさのり）がカルビに絡んで海の香りがほのかに漂うメセンイカルビタンが一押しの店「梧木台サランチェ」などがある。どの店も建物に韓屋の趣がある。

韓屋村から離れるが、トルソッパッ（石焼きご飯）がおいしい店が「飯野トルソッパッ」。韓国料理は辛い、赤いという先入観がくつがえる。石焼きの釜飯には松茸や栗がふんだんに入り、ほんの少し醤油を垂らして、バンチャンと共に葉っぱに巻いて食べると口の中に素材のうまみが広がる。バンチャンの一品、ツルニンジンの網焼きは独特のおいしさだ。

全州、料理、おそるべし。渉

家族会館《カジョッケグァン》　가족회관

【住所】完山区全羅監営5ギル17　2階
【電話】063-284-0982　【時間】11時20分〜21時
【休み】旧正月・秋夕の連休　【MAP】P99

韓国館《ハングックァン》　한국관

【住所】徳津区麒麟大路425　【電話】063-272-9229
【時間】11時〜21時　【休み】旧正月・秋夕
【MAP】P111

飯野トルソッパッの松茸釜飯

盛味堂《ソンミダン》　성미당

【住所】完山区全羅監営5ギル19-9
【電話】063-287-8800　【時間】10時30分〜21時30分
【休み】旧正月・秋夕　【MAP】P99

三一館《サミルグァン》　삼일관

【住所】完山区全州客舎2ギル20
【電話】063-284-8964　【時間】24時間
【休み】なし　【MAP】P99

三百チッ《サムベッ》（韓屋マウル店）　삼백집

【住所】完山区悟木台ギル57　【電話】063-232-0307
【時間】8時〜21時　【休み】なし　【MAP】P99

韓国食堂《ハングッシッタン》　한국식당

【住所】完山区全羅監営路48-1　【電話】063-284-6932
【時間】9時〜21時　【休み】旧正月・秋夕の前日と当日
【MAP】P99

両班家《ヤンバンガ》　양반가

【住所】完山区崔明姫ギル30-2
【電話】063-282-0054　【時間】11時〜21時30分
【休み】第2・4日曜　【MAP】P99

校洞《キョドン》トッカルビ　교동떡갈비

【住所】完山区銀杏路40　【電話】063-288-2232
【時間】11時30分〜21時30分　【休み】旧正月・秋夕
【MAP】P99

ベテラン粉食《ブンシッ》　베테랑분식

【住所】完山区慶基殿ギル135　【電話】063-285-9898
【時間】9時〜21時　【休み】旧正月・秋夕の連休
【MAP】P99

梧木台《オモッテ》サランチェ　오목대사랑채

【住所】完山区銀杏路69　【電話】063-232-8533
【時間】10時〜22時　【休み】旧正月・秋夕
【MAP】P99

飯野《パニャ》トルソッパッ　반야 돌솥밥

【住所】完山区豊南門4ギル25　【電話】063-287-1948
【時間】10時〜20時30分　【休み】旧正月・秋夕
【MAP】P99

Column

マッコリタウン

全州に来たなら、マッコリタウンへ。マッコリタウンは、７カ所あるといわれるが、有名なのは、三川洞《サムチョンドン》、西新洞《ソシンドン》、孝子洞《ヒョジャドン》。それから全州韓屋村の北側にあるのが、慶園洞《キョンウォンドン》だ。韓屋村観光のあとに寄るのであれば、ここが便利なのかもしれないが、多くの店が集まり、韓屋村からタクシーで数分と比較的便利な三川洞に行った。

マッコリタウンでは、マッコリを薬缶《やかん》単位で注文する。すると、マッコリに、おつまみがついてくる。三川洞マッコリタウンは小皿料理が15種類以上並ぶ。小皿といってもバンチャンからメインまである。他のマッコリタウンでは、大皿が３品ほど出てくるところもあるらしい。マッコリは1薬缶が2万ウォン、追加から1万7000ウォンになる。薬缶を追加するたびにおつまみがさらに２、３皿出てくる。あとになるほど鍋やご飯ものなどが出るようだ。

マッコリとバンチャン

ヨンジンチッ

マッコリの種類は２種類。白濁した通常のマッコリと、上澄みだけのマルグンスルという透明なマッコリ。マルグンスルの方がカロリーが低く、悪酔いしないといわれている。味はさっぱりしている。最初にそのどちらかだけを伝えれば、あとは飲んで食べて、しゃべるだけ。お腹も気持ちも満足感でいっぱいになる。

入った店は「ヨンジンチッ」。人気店だけあって、18時半頃行った時には満席だった。それで、周りの店を覗きながらふらふらと歩くと、店によって客の入りに違いがある。やはり、当初の予定通りと戻ると数名の客がちょうど出て来たので、すいと入って、席を確保。仲間同士や家族連れで大にぎわいだ。マルグンスルを頼むと、テーブルにはパジョン、生カキ、さんま、サバのキムチ煮などなど、しっかりした料理からアミの塩辛、韓国海苔、果物まで並べられる。そのまま食事になる量だ。薬缶３缶目の隣のカップルのテーブルにはポックンパッやプルコギなども並んでいた。彼は必死で彼女の気を引こうとしていたけれど。彼女は食べるのに力を注いでいるようで。

観光案内所にはマッコリタウンの案内地図が置いてある。渉

ヨンジンチッ　용진집

【住所】完山区拒馬山路10

【電話】063-224-8164

【時間】16時～翌１時

【休み】第１・３日曜、旧正月・秋夕　【MAP】P111

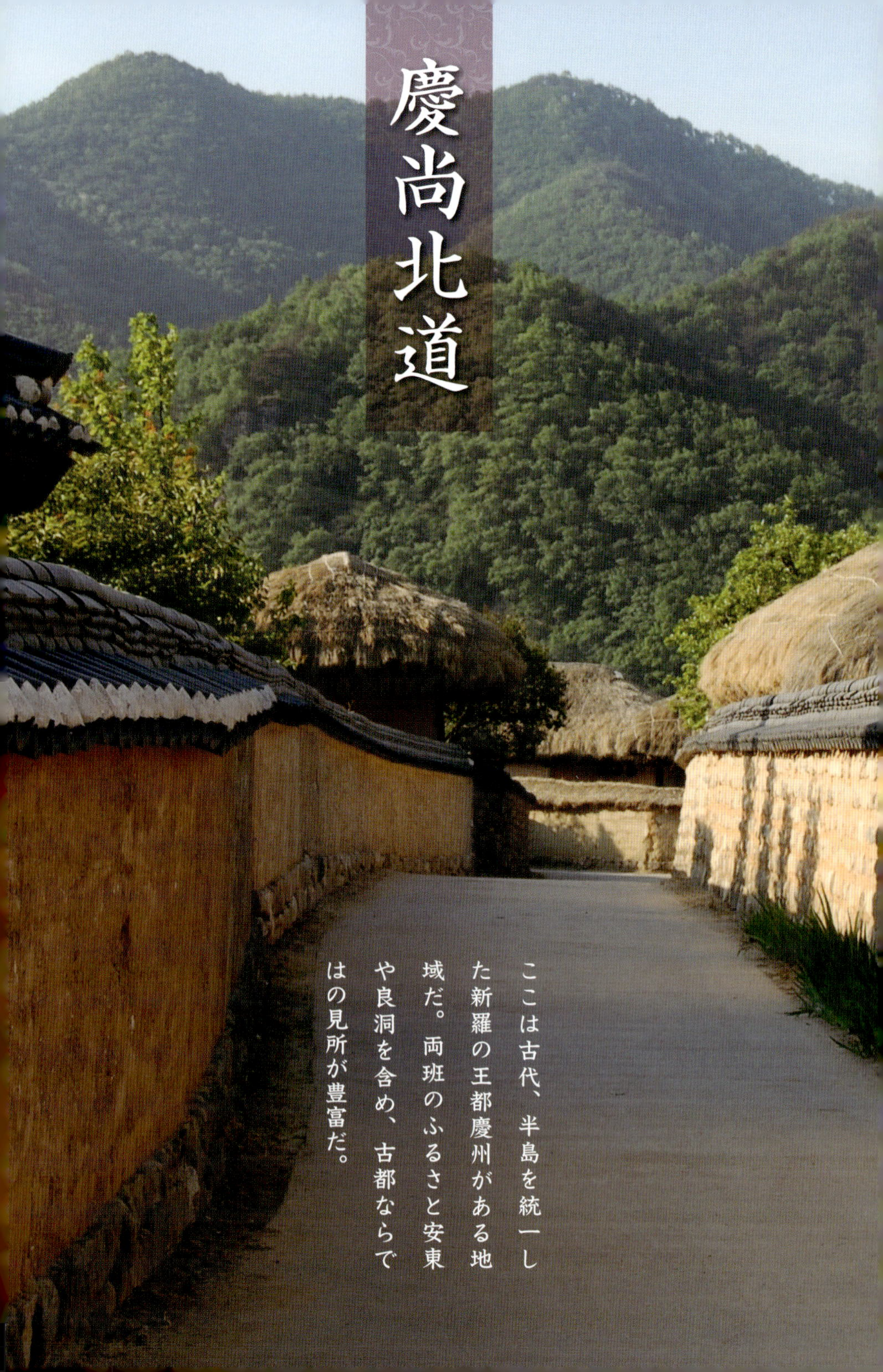

慶尚北道

ここは古代、半島を統一した新羅の王都慶州がある地域だ。両班のふるさと安東や良洞を含め、古都ならではの見所が豊富だ。

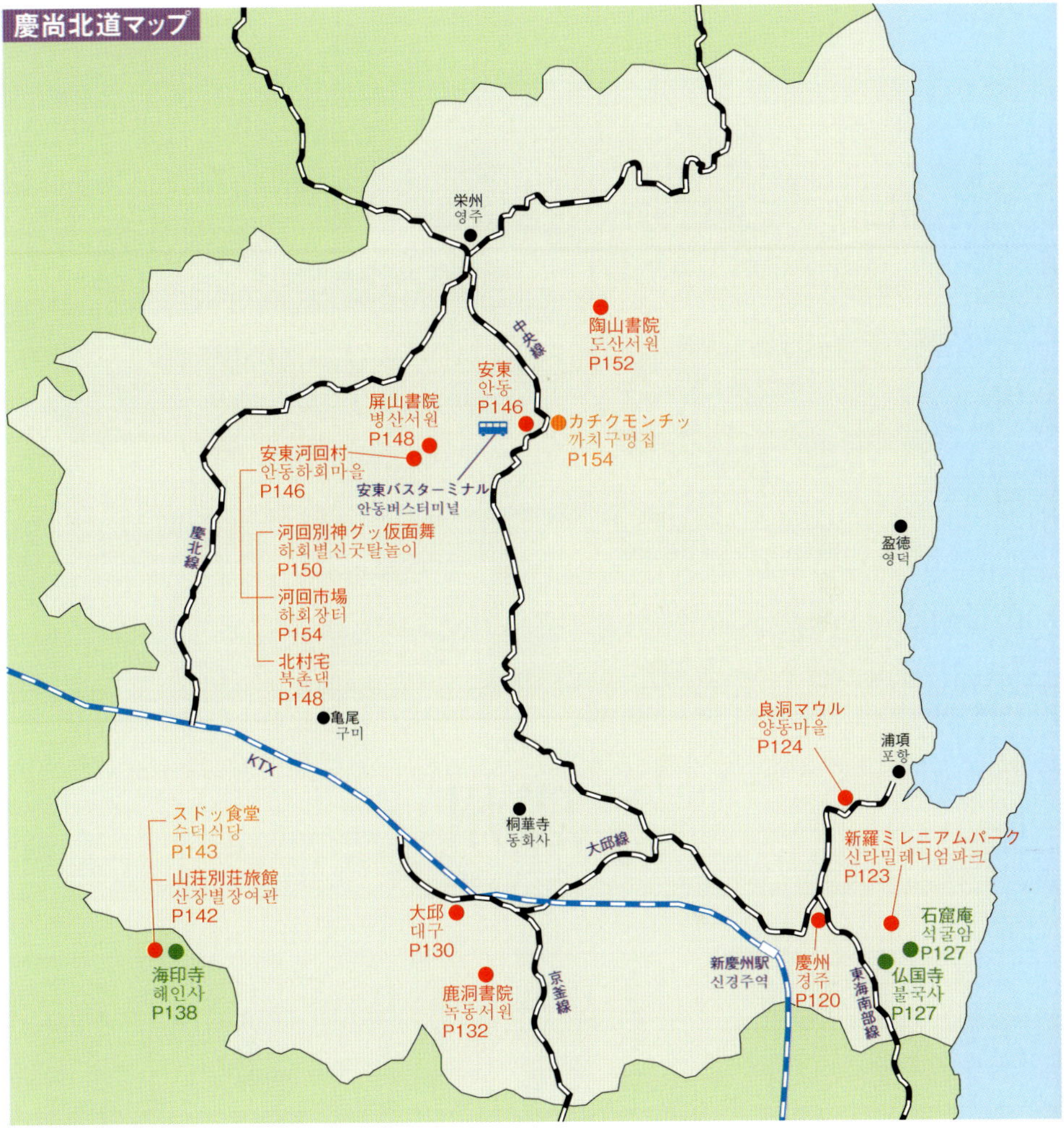
慶尚北道マップ
栄州
영주
中央線
陶山書院
도산서원
P152
安東
안동
P146
屏山書院
병산서원
P148
カチクモンチッ
까치구멍집
P154
安東河回村
안동하회마을
P146
安東バスターミナル
안동버스터미널
慶北線
河回別神グッ仮面舞
하회별신굿탈놀이
P150
河回市場
하회장터
P154
北村宅
북촌댁
P148
盈徳
영덕
亀尾
구미
KTX
良洞マウル
양동마을
P124
浦項
포항
桐華寺
동화사
大邱線
スドッ食堂
수덕식당
P143
山荘別荘旅館
산장별장여관
P142
新羅ミレニアムパーク
신라밀레니엄파크
P123
大邱
대구
P130
石窟庵
석굴암
P127
海印寺
해인사
P138
鹿洞書院
녹동서원
P132
京釜線
新慶州駅
신경주역
慶州
경주
P120
東海南部線
仏国寺
불국사
P127

大邱マップ
東大邱駅
동대구역
東大邱
동대구
大邱駅
대구역
大邱
대구
七星市場
칠성시장
東洋동양
韓進한진
中央중앙
高速バスターミナル
고속버스터미널
鹿洞書院行き
バス停
新川
신천
複合乗換センター
(バスターミナル) 建設中
복합환승센터
中央路
중앙로
ユジンチムカルビ
유진찜갈비
P137
東仁洞チムカルビ横丁
동인동찜갈비골목
P137

良洞村。2010 年、ユネスコ世界文化遺産に登録された

慶州

경주／キョンジュ

「屋根のない博物館」という言葉を何回聞いただろう。だが、訪れると、この言葉を思いうかべる。まったく、その通りなのだから。

大陵苑

バスターミナルから15分も歩けば街中にうずたかく盛りあがる古墳群が現れる。塀に囲まれた約12万5400坪という広大な敷地に、23基もの古墳が点在している。そこが大陵苑《テルンウォン》である。世界文化遺産である慶州歴史地域の散策はここから始まる。訪れた季節は春。古墳公園は、桜の花と穏やかに色づき始めた緑とのコントラストが美しかった。

天馬の絵が描かれた白樺製の馬の泥よけが出土した「天馬塚《チョンマチョン》」は特に有名な古墳だ。内部が公開されていて、金冠のレプリカなどが展示されている。また、東西120メートル、南北80メートル、高さ23メートルの最大規模の古墳が、「皇南大塚《ファンナムデチョン》」である。この古墳は南墳と北墳を持つ瓢箪型の夫婦墓だ。

墳丘をめぐるように整備された遊歩道を歩く。

月城。月の城は花の城だった

天馬塚。内部を見ることができる

大陵苑

すると、大陵苑の敷地の中でさらに塀をめぐらした「味鄒王陵《ミチュワンヌン》」が現れる。味鄒王は、新羅《シルラ》13代の王であり、慶州金氏として初めて王になった人物である。56代まで続く新羅王のうち、彼以前は朴《パク》氏か昔《ソク》氏だったが、彼以降は6人以外、金氏となる。桜とレンギョウが、王墓を包み込むように咲いていた。

古都散策

古墳公園の敷地から出ても、どこか公園の中の遊歩道を歩いているようだ。桜並木の先に広がる平地。その向こうには丘陵が見える。丘へとつながる道の西側は厳粛な雰囲気を持つ林「鶏林《ケリム》」。一方、東側には丘陵地へと続くように菜の花が咲いている。菜の花畑の先、かつて王宮があった丘は桜花が埋めつくしている。凧あげに興じる人、写真撮影を楽しむ家族や恋人たち。そのにぎわいの中に石組みの建造物が建っている。

「瞻星台《チョムソンデ》」。新羅第27代王、善徳女王《ソンドクヨワン》の時代に造られた、東洋最古の天文台といわれる。積み上げられている石の数は362個。陰暦の一年の日数を表している。上部に載る井桁は正確に東西南北に面し、南側側面中央の窓から内部へ入り、天文観測を行っていたと考えられている。

瞻星台

「鶏林」には、厳かな空気が流れている。この林は慶州金氏の始祖金閼智《キムアルジ》が生まれた場所とされる。

新羅は朴赫居世《パクヒョッコセ》を君主に徐羅伐《ソラボル》という国号で成立した。22代王の時に国号は新羅となる。王位は朴氏から昔氏、そして金氏へと受け継がれた。その金氏の始祖が、この林の中、木の枝にぶらさがる金色に輝く櫃から現れたと言い伝えられている。その櫃の下では白い鶏が鳴いていたという。そこで、金色の櫃から金閼智と命名し、林を鶏林と呼ぶことになったということだ。林の中には祠堂が造られている。

小高い丘を「月城《ウォルソン》」という。新羅の王宮があった城址である。空から見ると三日月形に見えるところから、こう名づけられた。朝鮮時代には「半月城」

芬皇寺。古都の趣き

皇龍寺址。とにかく広い

月池、またの名を雁鴨池

と呼ばれている。この丘の上には朝鮮時代の氷室であった「石氷庫《ソッピンゴ》」の跡が残っている。

月城を東側に下りると、「東宮《トングン》と月池《ウォルジ》（臨海殿址《イメジョンジ》・雁鴨池《アナッチ》）」に出る。臨海殿は東宮として造られ、また、来賓を接待する場所でもあったとされる。月池は674年、半島統一を祝して掘られた池である。仙人が住む三神山と、仙女が住む巫山十二峰を模して、大小3つの島と12の小山が築かれ、草花を植え、珍しい鳥などを放し飼いにしていたと伝えられている。新羅滅亡後、廃墟と化し、朝鮮時代には、水鳥が遊ぶ姿から雁鴨池といわれた。池は直線や曲線を駆使して全貌が把握しにくいようにできている。現在は当時の4分の1の広さだというが、いったい、どれほどの広さがあったのだろう。

この臨海殿址と月池の東側、桜並木の道を北上すると、広大な平地の中におびただしい数の整然と配置された礎石が現れる。礎石だけ。だが、何もなさがむしろ凄味を感じさせる。それが「皇龍寺址《ファンニョンサジ》」だ。慶州仏寺の中心といわれた寺の址である。4人の王が、93年の歳月をかけ645年に完成。2万坪を超える広さを持ち、寺院面積は8800坪、80メートルもの九層木塔が建っていたとされる。しかし、モンゴルの侵略により灰燼と化してしまった。今はかつてを偲ばせる敷地の中に幻を見るしかない。だが、それも楽しい。

皇龍寺址から菜の花畑のなかの細道を北へ向かえば、すぐに石塔が見えてくる。「芬皇寺石塔《プナンサソッタッ》」だ。善徳女王の時代、634年に建立された。芳しい王のための寺という意味が名称には込められている。大規模な寺刹だったらしいが、モンゴルの侵攻や壬辰・丁酉倭乱で焼失。現存しているのは石塔と石造りの井戸だけである。石塔は、7層あるいは9層あったとされるが残っているものは3層。石材をレンガ状に加工した模磚石塔で、レンガを配置したような緻密さを感じる。内部への入口の両脇には新羅彫刻の仁王像が配されている。4隅を固める石像の獅子は、2匹がどう見てもオットセイ。海からの攻撃に備えたという解説もあるが、思わず笑ってしまう。石造りの八角井戸は、3匹の龍が住むといわれ、それを魚に変えて持ち去った者から、再び取り戻したとい

天馬塚出土金冠

国立慶州博物館

芬皇寺の石塔

う伝説を持ち、「三龍変魚井」と命名されている。

国立慶州博物館

「屋根のない博物館・慶州」の屋根のある博物館、国立慶州博物館《クンニッキョンジュパンムルグァン》。新羅千年の王都の遺物がぎっしり。韓国でもソウルの国立中央博物館に次ぐ規模で、じっくり見て回るとここだけで1日かかりそうな充実ぶりだ。

正門を入ってまず目につくのが、屋外展示の国宝「聖徳大王神鐘《ソンドッテワンシンジョン》」。韓国最古、最大、そして最も美しい鐘と言われているそうだ。幼女を生贄に捧げて30年がかりでようやく完成したため、鐘を衝くと「エミレ（お母さん）」と泣く声が響いたという悲しい伝説があり、「エミレの鐘」という別名で知られている。

本館に当たる新羅歴史館の最大の見ものは、天馬塚から出土した金冠だろう。ドラマで善徳女王がかぶっていた冠だ。「山」の字を4つ重ねた形の立飾りに勾玉《まがたま》と金の瓔珞《ようらく》がたくさん付いて、何とも美しい。

別館の新羅美術館は、仏像や寺院址からの出土品など、仏教美術品が中心。統一新羅時代に仏教芸術が洗練されていった様子がうかがえる。月池館は、月池から出土した遺物だけで一つの別館を作っている。新羅王室と貴族の華やかな宮中生活を偲ばせる展示だ。

新羅ミレニアムパーク

新羅千年の歴史と文化のテーマパーク。ドラマ「善徳女王」（2009年・MBC）のセット場があることでも知られている。

一番の見所は、馬上武芸スタントの公演「花郎《ファラン》の道」。花郎は新羅の美青年貴族をリーダーとする文武両道のエリート養成システム。

「花郎の道」

書百堂

新羅ミレニアムパークの羅宮

新羅ミレニアムパークの談木園

それを思わせる若者が4騎の馬で駆け回り、馬上での弓射、逆立ちなどの曲乗りを披露する。真剣を使った演武もある。面白いし、とにかく格好いい。

建物もいろいろ。「善徳女王」の宮廷セットの隣に、武烈王を主人公とするドラマ「大王の夢」（12年・KBS）のセットができた。離宮の鮑石亭《ポソッチョン》などが建てられている。「千年古都」は新羅の家屋ゾーン。骨品制《コルプムジェ》という厳格な身分制度のため、階級によって形態が違う貴族の屋敷を再現している。「工芸体験村」は藁葺き民家風の建物が並ぶエリア。ガラス工芸・木工芸・染色などの体験ができる。

「談木園《タンモグォン》」は、村の入口などに立つ男女一対の木偶の守護神・チャンスンを集めたもの。笑い顔やユニークな表情が楽しい。また、歌う土偶たちの公園も心和む。

パークの一角に、韓屋ホテル「羅宮《ナグン》」がある。全室スイート温泉露天風呂付き。一度は泊まってみたい優雅なたたずまいだ。悠

良洞マウル

春のうららかな陽気の中、東海南部線の線路に沿った田舎道を歩く。列車が一台通り過ぎた。バスを降り15分も歩いただろうか、良洞村《ヤンドンマウル》が現れる。

村は屏風絵や掛け軸の絵のようである。というのも、目の前の緩やかな丘陵に、伝統家屋が立体的に並んでいるのだ。丘を縫うように細い道が連なる。道の脇を水路が流れる。斜面の上方、高台には瓦屋根の屋敷が、手前には使用人の住居だったのだろうか、藁葺きの家屋が並ぶ。住居はいずれも丘の自然と一体化している。傾斜の細道を韓服の老爺が歩いている姿こそ似つかわしいような風情。春のまだ緑控えめな木々。それを背景にして今を盛りの桜の花々。桃だろうか、ところどころに朱を散らす。坂を上れば数件の家屋に出くわし、折れるように下れば、別の屋

書百堂のイブキの木

香壇。村を代表する景観

観稼亭

無忝堂

敷が現れる。僕らは緩やかな谷を巡りながら、村に溶けこむ。

良洞村は、驪江李氏《ヨガンイシ》と月城孫氏《ウォルソンソンシ》という二つの名家が共存してきた同姓集落である。今から500年以上も前の家屋が、ほぼそのままの状態で保存され、150戸ほどの家屋が残っているらしい。だが、現在も住民が暮らしているため立ち入ることができるのは24戸だけである。それでも村全体を見て回ろうとすると数時間はかかる広さだ。20分から60分で回れる「おすすめコース」が6コース作られている。はずせない家屋は、「書百堂《ソベッタン》」「無忝堂《ムチョムダン》」「香壇《ヒャンダン》」「観稼亭《クァンガジョン》」の4つ。

「書百堂」は月城孫氏の宗家で時間を経てきた風格がある。良洞村に最初に入ったという孫昭《ソンソ》が建てた屋敷である。庭には立派な枝振りのイブキの木が佇んでいる。樹齢600年ともいわれ、過ぎた時を見つめている。

「無忝堂」は驪江李氏の宗家である。この建物は客間であるらしく、簡潔で洗練され、慎ましさがある。儒教に真に向き合った者のもつ気風が漂っているようだ。

村に入って最初に目がいく「香壇」は入り組んだ屋根瓦と傾斜に沿って連なる家屋が見事だ。村の入口からは家々を見上げることになるのだが、逆に村を見おろす景観がすばらしい場所が「観稼亭」。両班《ヤンバン》の持つ農地のかつての広さを想像できる。

この村は、雪蒼山を主峰に「勿」の字形に3つの丘陵と谷川からなっていると案内には書かれている。背後に山を配し、川の流れを持つ風水的にすぐれた地勢の場所らしい。

村内には食事ができる場所があり、伝統家屋での食事が楽しめる。ただ、高台の両班屋敷は、商いを名乗り出る家がなかったらしく、水路の手前側の藁葺きの家が食堂になっている。

僕らが入った店は草原《チョウォン》食堂。ヨンパッチョンシク（蓮の葉ご飯定食）を食べた。

古宅も華やぐ季節

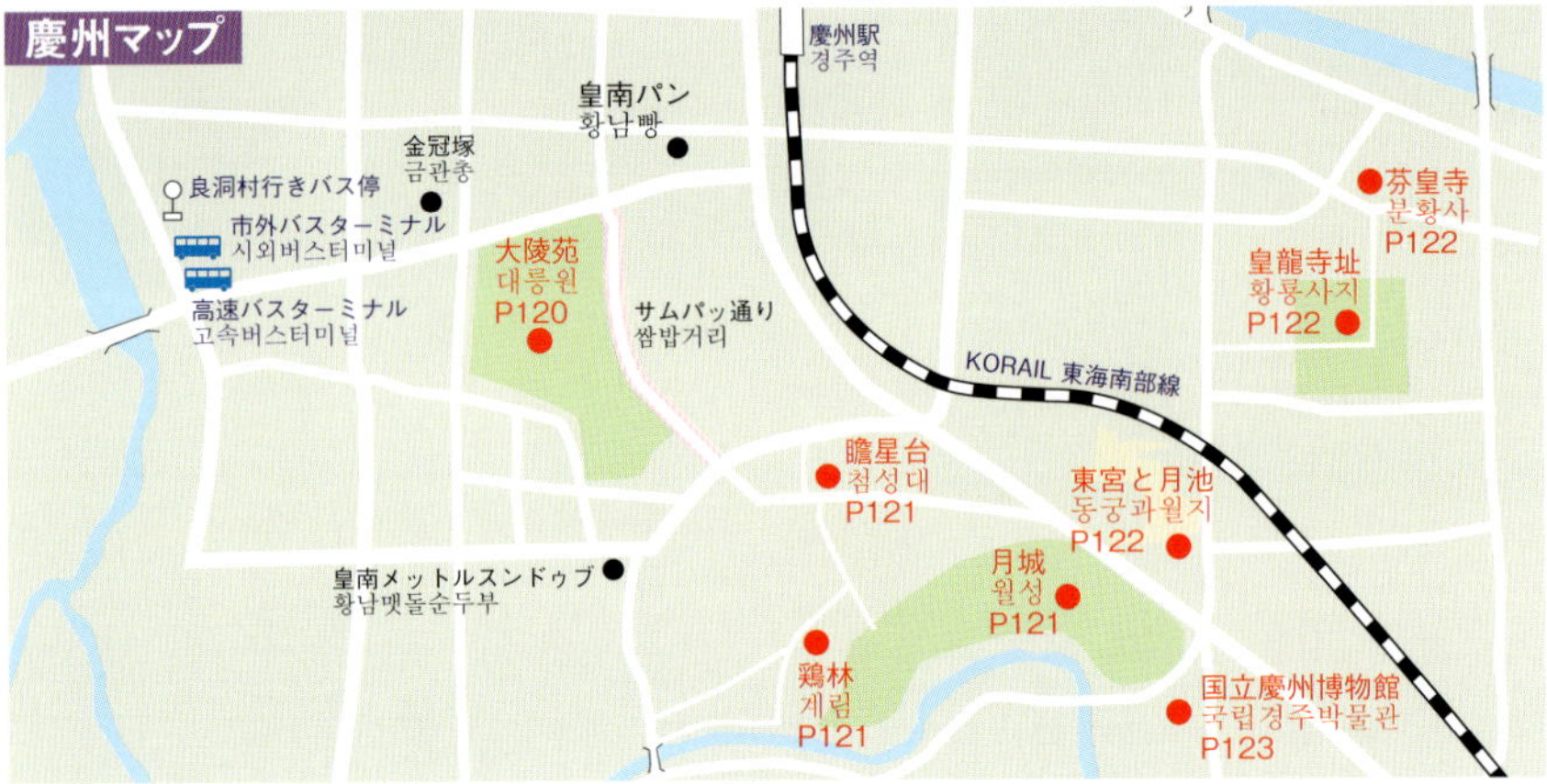

慶州への交通

●釜山から
釜山駅からKTXで約30分、₩11000、1日約25本。

総合バスターミナルから約50分、₩4800。高速バス1時間間隔、市外バス約15分間隔。

金海国際空港から市外バスで約70分、₩9000、1時間間隔。

●ソウルから
ソウル駅から KTXで約2時間10分、₩ 49300、1日約 20本。

仁川国際空港から KTXで約3時間10分、₩ 61600、1日 4本。

ソウル高速バスターミナルから高速バスで約3時間45分、₩ 30300、約1時間間隔。

東ソウルバスターミナルから市外バスで約4時間、₩21100、40～50分間隔。

仁川国際空港からリムジンバスで約5時間、₩ 39200、1日6本。

DATA

大陵苑《テルンウォン》　대릉원
【住所】慶州市鶏林路9　【電話】054-772-6317
【時間】9時～22時　【休み】なし　【料金】₩2000
【MAP】P126

瞻星台《チョムソンデ》　첨성대
【住所】慶州市瞻星路169-5
【電話】054-779-8744
【時間】9時～22時(冬期は21時まで)
【休み】なし　【料金】無料　【MAP】P126

東宮《トングン》と月池《ウォルジ》　동궁과월지
【住所】慶州市源花路102
【電話】054-772-4041　【時間】9時～22時
【休み】なし　【料金】₩2000　【MAP】P126

芬皇寺《プナンサ》　분황사
【住所】慶州市芬皇路94-11
【電話】054-742-9922　【時間】9時～18時
【休み】なし　【料金】₩1300　【MAP】P126

国立慶州博物館《クンニッキョンジュパンムルグァン》　국립경주박물관
【住所】慶州市日精路186　【電話】054-740-7500
【時間】9時～18時(土日祝は～19時)
【休み】1月1日、月曜(祝日の場合は翌平日)
【料金】無料　【MAP】P126

新羅《シルラ》ミレニアムパーク　신라밀레니엄파크
【住所】慶州市エキスポ路 55-12
【電話】054-778-2000
【時間】10時～18時30分(週末延長、季節変動あり)
【休み】なし
【料金】₩18000(冬期₩15000)　【MAP】P119

良洞《ヤンドン》マウル　양동마을
【住所】慶州市江東面良洞マウルギル
【電話】054-779-6105
【時間】9時～19時、(10～3月～18時)
【休み】なし　【料金】₩4000　【MAP】P119
【行き方】新慶州駅から203番バスで約40分、良洞マウル下車、1日4本。市外バスターミナルから200～208、212、217番バスで約30分、良洞民俗マウル入口下車、徒歩15分。

お寺へ GO! ④

石窟庵と仏国寺

新羅仏教の精華、国宝の石窟庵と７つの国宝を持つ仏国寺。合わせて世界文化遺産に登録されている。

仏国寺の石段。手前が七宝橋と蓮華橋、奥が青雲橋と白雲橋

慶州中心部から南東へバスで30分ほど、吐含山《トハムサン》の西麓に仏国寺《プルグッサ》、中腹に石窟庵《ソックラム》がある。訪れるのは9年ぶり。春4月、バスを降りると見事な桜。仏国寺の駐車場は隠れた桜の名所で、お弁当でも広げたくなるが、韓国ではそういう花見はしないそうだ。

石窟庵

仏国寺から石窟庵までは登山道もあるが、ここは迷わず路線バスに乗る。バスは山道を登り15分ほどで石窟庵の駐車場に到着。大鐘閣の横の階段を上がると「吐含山石窟庵」と書かれた一柱門が見える。石窟庵はここから約1キロ先にある。道は舗装されていないが平坦で歩きやすく、1時間後の帰りのバスには十分間に合う。

石窟庵は、石を積み上げた石室に、小山のように土をかぶせて作られた石窟寺院。石窟はドーム型天井を持つ円形の主室、方形の前室、その二つを結ぶ扉道で構成された前方後円形で、奥行きは14・8メー

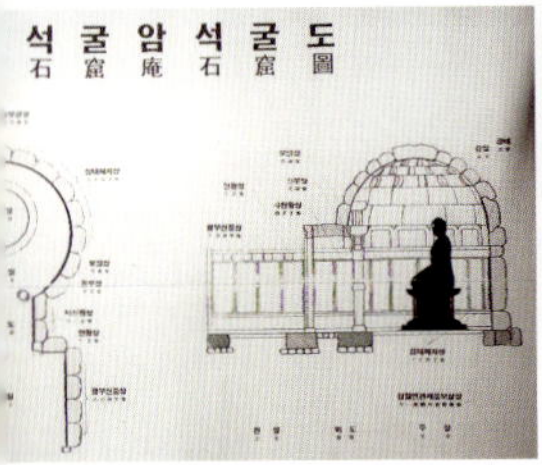

石窟庵の構造図

石窟庵

石窟庵の一柱門

トル。壁には、十一面観世音菩薩像、四天王像、金剛力士像など40体もの仏像が彫刻されており、コンパクトながら寺院としての格式が備わっている。

本尊は高さが3・26メートルという大きな花崗岩の釈迦如来座像で、おだやかで威厳のある表情が美しい。韓国の仏像の最高傑作と言っていいだろう。石窟庵は日の出の名所。朝日が差すと、本尊の額に埋められたガラスが光り輝くという。

創建は新羅仏教の全盛期、8世紀中頃。時の宰相金大城《キムデソン》が、前世の親のために石窟庵を創建し、現世の親のために仏国寺を再建・拡張したと伝えられている。しかし朝鮮時代に荒廃し、20世紀初頭には、天井に穴が開いて仏像に雨が降りかかる有り様だったという。そこで日本統治時代を含めて何度か補修・解体工事が行われたのだが、この方法がまずかった。元通りに組み立てられず、セメントを使ったため除湿・換気ができなくなってしまった。そのため現在は密閉して人工的に換気しているそうだ。前室を覆うように木製の保護閣が造られており、観光客はここからガラス越しに石窟内を見ることになる。

内部は撮影禁止ということもあり、記憶に焼き付けんと目をこらして見るのだが、主室の天井や壁の彫刻は見えず、少々残念な思いがする。慶州民俗工芸村の新羅歴史科学館には5分の1サイズの模型があるのだが、どこかに、中に入って見られる実物大レプリカを作ってくれないものかと考えてしまう。

仏国寺

「佛國寺」と書かれた一柱門をくぐり、池に架かる橋を渡り、天王門をくぐりまた橋を渡る。仏国寺の広さを感じさせるつくりだが、最盛期には現在の10倍の敷地に80余りの建物を持つ大伽藍であったという。木造建築物は多くが壬辰・丁酉倭乱で焼失し、その後再建されたものだが、現存する物だけでも新羅仏教の隆盛を十分伝えている。

境内に入ってすぐ正面に見えるのが、仏国寺の象徴ともいえる石の階段、青雲橋《チョンウンギョ》と白雲橋《ペグンギョ》。階段なのになぜ橋と言うのか。階段に続く紫霞門《チャハムン》やその奥の大雄殿などは、石垣の上に建てられている。上は仏

多宝塔。小学生が並ぶと大きさを実感する

極楽殿の扁額の裏には、黄金色の福豚が隠れている

仏国寺の一柱門

様の世界・仏国土、下は人間の俗世と考えられ、二つの世界をつなぐから橋なのだそうだ。石段の途中におどり場があり、上の16段が青雲橋、下の18段が白雲橋と、名前も二つ付いている。おどり場の下はアーチ型に開いていて、橋らしくなっている。かつてはこの下に池があったというが、今は跡形もない。

その左手には、少し小さいが同じ構造の石段、七宝橋《チルボギョ》と蓮華橋《ヨナギョ》があり、安養門《アニャンムン》とその奥の極楽殿へ続いている。この2カ所の石段は国宝に指定され、現在は通行禁止になっている。

迂回路を通って大雄殿へ。ここは釈迦如来の彼岸世界。境内には国宝の2基の大きな石塔がある。今回訪れたときは、左側の釈迦塔《ソッカタッ》は解体修理中。一瞬がっかりしたが、修理中の様子が見えて、ちょっと珍しいものを見せてもらった気もする。地上に降ろして見ると一つひとつの石材はずいぶん大きいものだ。高さ10・6メートルの釈迦塔はシンプルな三層石塔で、統一新羅時代の典型的な構造だ。それに対し、もう一つの多宝塔《タボタッ》は異形である。階段のある基壇に5本の柱を立て、その上に四角形・八角形・円形の塔身が重なって載っている。高さは10・3メートル。その斬新な姿は10ウォン硬貨にデザインされている。

また、極楽殿の金銅阿彌陀如来坐像と毘盧殿の金銅毘盧舎那仏坐象は、統一新羅三大金銅仏に数えられ、ともに国宝指定。仏国寺は仏国土の具現化であるとともに新羅仏教芸術の宝庫だ。悠

DATA

石窟庵《ソックラム》　석굴암

【住所】慶州市仏国路873-243
【電話】054-746-9933
【時間】7時～17時30分（季節変動あり）
【休み】なし　【料金】₩4000
【MAP】P119
【行き方】仏国寺駐車場から12番バスで約20分、1時間間隔。

仏国寺《プルグッサ》　불국사

【住所】慶州市仏国路385
【電話】054-746-9913
【時間】7時～17時30分
【休み】なし　【料金】₩4000　【MAP】P119
【行き方】バスターミナル、慶州駅から10、11番バス、仏国寺下車。

大邱薬令市通り。薬材店と韓方医院の看板が並ぶ

大邱

대구／テグ

韓国第三の都市・大邱。韓国旅行の基点の一つだ。だが、基点として素通りするには、面白すぎる。

大通りと細道

大邱の中心は地下鉄半月堂駅から中央路駅にかけての一画だ。そこに、有名な薬令市《いち》がある。長さ700メートルほどの通りに沿って、韓方薬材（韓国では「漢方」に、「韓方」の文字をあてる）の店や韓方医院が並んでいる。ここは朝鮮時代、最大の薬令市が開かれた場所で、ここに来ればなんでも揃うといわれていたらしい。

韓方薬材の匂いが、そこはかとなく漂う。店先には材木のような薬材や乾燥させた草が積まれ、薪を売っているようだ。だが、店の中を覗けば、干した蝙蝠や鹿の角、熊の部位、草木など様々な薬材がぶらさげられ、並べられ、積まれている。道幅は思ったより広い。楽々と車が離合できる二車線の道だ。アーケードがある狭い道の市場を想像するとイメー

薬材店の店先

薬令市西門

韓医薬博物館のキャラクター

ジと違うかもしれない。大きなトラックで薬材を運送することもあるだろうから、道幅は必要なのかもしれない。

この通りには「韓医薬博物館」があって、韓方の歴史や効能を楽しく学ぶことができるようになっている。建物の中は、模型での歴史再現ゾーンや薬材についての説明ゾーン、体験ゾーンなどに分かれている。なんだか、やけに西洋人が多かった。

薬令市は散策路としては、大通りになる。この通りの西門から南に行くと、左右対称な美しい尖塔を持つ教会がある。桂山聖堂。ローマ法王の来韓を告げる垂れ幕が吊されていた。

桂山聖堂

その教会の横に細い路地がある。国民的詩人李相和《イサンファ》の故宅に続く路地で、「大邱近代通り」と名づけられた散策路の一つ。白壁に彼の詩、「奪われた野に春は来るのか」が書かれている。その故宅の入口で写真を撮ってもらっているおじさんがいた。だが、気に入らないのか、彼は、何人かの人に、何度も撮り直してもらっていた。李相和のファン、あるいは、彼を尊敬している詩人、なのかもしれない。すでに夕刻。昼間の熱気が少し和らぐなか、静かに書斎の前に立つ人や、展示された著作に見入る人たちがいた。李相和の故宅と向かい合うように、民族運動家、徐相燉《ソサンドン》の故宅もある。

もう一つの細道が、「チンコルモッ」だ。レンガ塀の家屋が路地の両側に並ぶ。韓屋と日本家屋が合わさったようなレトロな家屋は、食堂であったり、医

チンコルモッ

チンコルモッの地図がデザインされた壁

院であったり。韓定食の店の入り口にはドラマ「ラブレイン」のパネルが貼られていて、ロケ地だったことがわかる。食事の時間に合わせて、気に入った店に入るのもいいかもしれない。路地自体は100メートルほど。中央路の方から進めば、薬令市の通りに出る。

鹿洞書院

大邱に来たらぜひ行きたいと思っていた場所が、友鹿洞《ウロットン》（現在の友鹿里《ウロンニ》）という村だった。

司馬遼太郎が『韓のくに紀行』で探し求めた沙也可の村。豊臣秀吉による朝鮮侵略の時、上陸早々戦わずに朝鮮に降伏し帰化した武将、沙也可。彼は、功績により金忠善《キムチュンソン》という名を与えられる。司馬は、彼に興味を持ち、村を訪ねる。当時は、それこそ「道路はすでに幹線からはずれていて、農村と農村をつなぐ黄色っぽい旧道になっている」という道を山間の村へと進んでいくのだが、今は、舗装された道を路線バスで走った。と、言っても、途中から道は山間の道へと逸れる。大邱の中心から約25キロ、1時間ほどで鹿洞書院《ノットンソウォン》に到着した。

「空が、箕《み》のかたちになっている。

里の奥にむかって、ほんのわずかな傾斜にさからいながら近づいてゆくと、空が方《はこ》になったり、また箕形にもどったりする。」

と、司馬遼太郎が書いているように、重なる山並みが空を箕のかたちにみせる。山村の風景を描けと言われて、左右に二つのなだらかな山を描いて、その二つ重なるあたりに、そっと集落を描き入れるとできそうな、見なれているように懐かしげな風景である。その中に、両班屋敷の造りの鹿洞書院はあった。

鹿洞書院は、金忠善の死後、150年ほどのち、彼を祀って造られた。その時の朝鮮の王は、正祖。ドラマで有名なイサンである。その後、書院撤廃令の時代に一時閉鎖されたが、再建。1971年に現在の場所に移されたと書院のパンフレットには記載されている。

バスを降りて、石を埋め込んだ土塀に囲まれた書

鹿洞書院

鹿洞書院の向陽門

院の前に立つと、塀の中から日本語が聞こえてきた。門扉が開いている。当たり前のように中に入ると、「アンニョンハセヨ」と挨拶をされた。こちらも「アンニョンハセヨ」と挨拶を返し、写真を撮り始めると、「日本の方ですか」とたずねられた。「はい」と応える。日本人の男女二人と文化観光ガイドのパクさんで、「ちょうど、今開けていますから、どうぞ見てください」と彼は言った。「ふだんは工事中で閉めているけど、私たちの案内をするために、開けてくれたところです」と、日本人男性が教えてくれた。タイミングがよかった。門扉には「修理のため出入りを禁ずる」と書かれた紙が貼られていた。

　書院に入る向陽門の外側は芝生や植え込みが綺麗に刈られていたが、書院の中は、むしろ、そんな手入れを必要としない土であった。もしかしたら、これが作業中ということかもしれないが、この木訥さがかえって祀られている人物の人柄に合っているようにも思われる。背後の木々に包まれるようにして、学問をする崇義堂と名づけられた鹿洞書院と鹿洞祠だけがそこにある。

慕夏堂遺蹟碑

「ここは、涼しいですね」と先程の日本人旅行者の彼が言った。屋根瓦には夏の日射しが照りつけているが、書院は日陰を作り、風が抜けて涼しい。そして、静かだ。

　土塀の外に出て、隣接する忠節館に行く。ここには火縄銃や、司馬遼太郎が沙也可を知った「慕夏堂文集」とその木版、そして慕夏堂《モハダン》の親筆が展示されていた。慕夏堂というのは、金忠善の号である。

　また、韓日友好の基点として、「達城《タルソン》韓日友好館」という展示館が建てられている。ここでは三国時代から朝鮮時代までの日本と韓国の交流の歴史を辿る

沙也可について書かれた本

位牌を祀る鹿洞祠

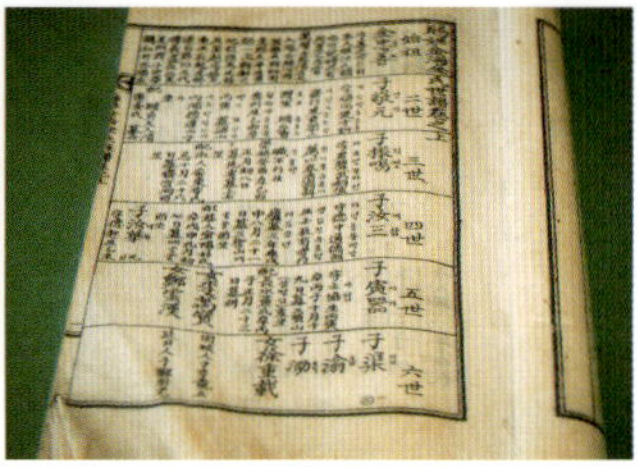
金忠善を始祖とする族譜

ことができる。日本の船と韓国の亀甲船の違いなどをパクさんが丁寧に話してくれた。彼は朝鮮が秀吉によって侵略されなかった最大の功労者は李舜臣と金忠善だと強く語っていた。侵略しようとしたのも日本人なら、それをくい止めようとしたのも日本人。一方は最大の憎悪を受け、一方は救国の英雄とされている。かたや国の支配者であり、かたや定かではないが一武将であった。歩

大邱への交通

●釜山から
総合バスターミナルから約70分、₩9700、30〜40分間隔。

釜山駅からKTXで約50分、₩17100、1日50本以上。セマウル、ムグンファもあり。
●ソウルから
ソウル高速バスターミナルから約3時間30分、₩25200、約20分間隔。
ソウル駅からKTXで2時間弱、₩43500、1日50本以上。

DATA

大邱薬令市《テグヤンニョンシ》　대구약령시
【住所】大邱市中区南城路一帯
【電話】053-253-4729(韓医薬博物館)
【時間】9時〜19時
(韓医薬博物館は〜18時)
【休み】日曜・祝日、旧正月と秋夕の連休
(韓医薬博物館は月曜、1月1日、旧正月と秋夕)　【MAP】P134

鹿洞書院《ノットンソウォン》　녹동서원
【住所】大邱市達城郡嘉昌面友鹿キル218
【電話】053-767-5790
【時間】10時〜18時(10月〜2月は〜17時)
【休み】旧正月と秋夕の連休
【料金】無料　【MAP】P119
【行き方】都市鉄道1号線七星市場駅3番出口、七星市場前から嘉昌2(友鹿)バスで約1時間、鹿洞書院下車。

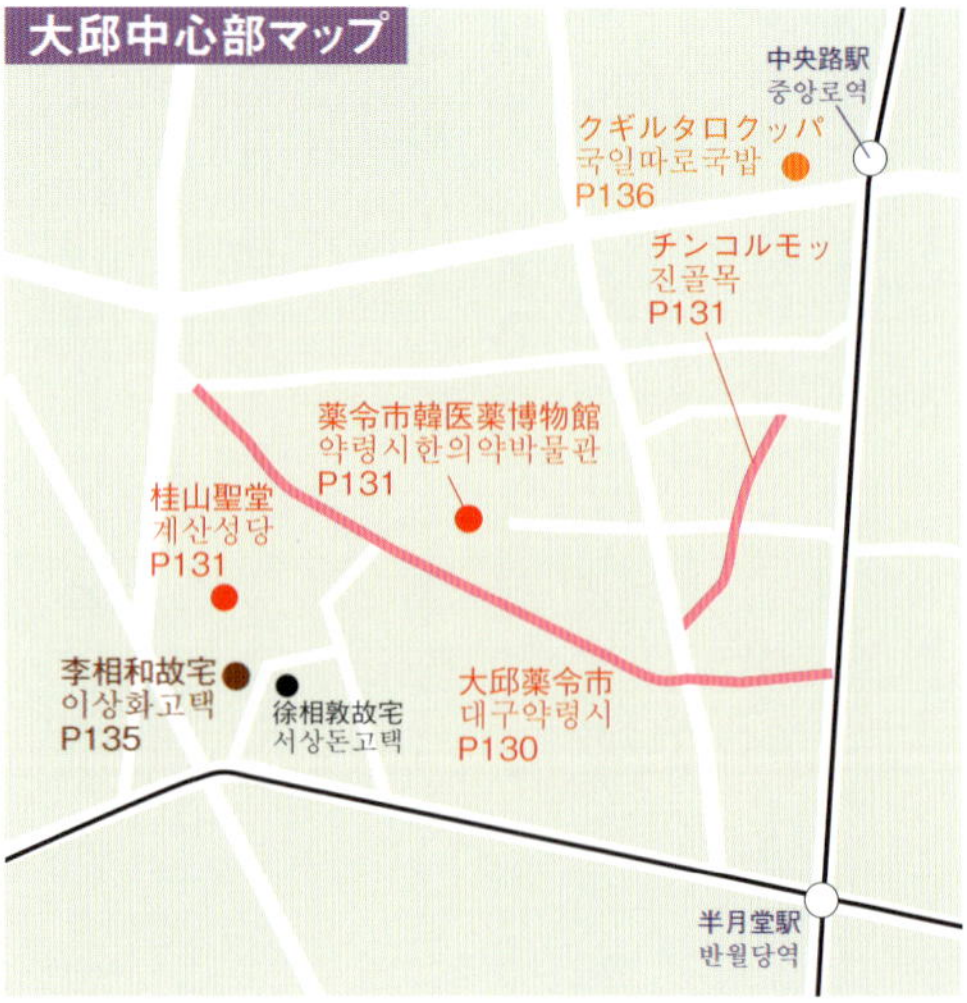

Column

李相和

「永遠の韓国人李相和《イサンファ》」という言葉が、故宅に置かれているパンフレットに記されている。「彼は私たちの近代詩史にあまりにも大きな足跡を残した詩人で、嵐のように生きた波乱の生涯は、まさに私たち民族の近代史そのものといわざるをえない」と力強く解説されている。1901年大邱に生まれた彼は1943年、短い生涯を終えている。フランス留学への夢を持って1923年来日し、アテネフランセに通いフランス語を学ぶが、関東大震災に遭遇し、帰国。震災の混乱のなかでの朝鮮民族への虐待を目の当たりにする。そして、日本の支配下に表された彼の詩は、「宝玉のように光る抵抗的叙情詩」と評される。李相和の故宅は、彼が没するまでの4年間を過ごした住居であり、絶筆もここで書かれている。

コートを着て、足を交差させて立つモダンな風貌の写真を見ると、その後、監視と抑圧のなかで衰弱していく彼を思い、胸が熱くなる。

彼の代表作の一つ「奪われた野にも春は来るのか」という詩の題名は、原発事故後の福島を撮った韓国人写真家の写真展のテーマにも使われている。この詩は、故宅に続く路地の壁に書かれていて、こう書き始められる。

今は他人の土地—奪われた野にも春は来るのか。

私は全身に日射しを浴び、
青い空青い野が競り合うところ
髪の分け目にも似たあぜ道を夢見るようにただ歩く

痛切だが、格好いいのだ。歩

李相和故宅

路地に書かれた詩「奪われた野にも春は来るのか」

パンフレットに描かれた李相和

李相和故宅《イサンファコテッ》　이상화고택

【住所】大邱市中区西城路6-1
【電話】053-256-3762　【時間】10時～17時30分
【休み】月曜、旧正月と秋夕の連休
【料金】無料　【MAP】P134

さをぬって口の中に広がる。ご飯を入れるとご飯の甘さが辛さと調和する。
　時刻は14時ごろ。さすがに混み合ってはいないが、ひっきりなしに客が来ていた。歩

ユジンチムカルビ　유진찜갈비

【住所】大邱市中区東徳路36キル9-13
都市鉄道1号線七星市場駅3番
出口から徒歩約12分
【電話】053-425-7184
【時間】9時～22時
【休み】なし
【MAP】P 119

クギルタロクッパッ　국일따로국밥

【住所】大邱市中区国債報償路571
都市鉄道1号線中央路駅地下商場3番出口すぐ
【電話】053-253-7623
【時間】24時間
【休み】旧正月と秋夕の連休
【MAP】P 134

タロクッパ

チムカルビとタロクッパ

チムカルビ

カレーライスとライスカレーは、言い方が違うだけで、基本同じだが、カルビチムとチムカルビはかなり違う。ここ大邱では、チムカルビと言う。

チムとは、肉類、野菜などをいろいろの薬味と一緒に煮つめた料理をいう。蓋をして煮込むから、蒸し煮込みという訳が適切なのかも。

では、大邱のチムカルビは、どうカルビチムと違うのか。一般にカルビチムは醤油と砂糖に栗やナツメなどの韓方食材を入れて煮込むのだが、チムカルビは、唐辛子とニンニクに生姜などを効かせ、見た目は赤く味も辛みを強く仕上げる。

チムカルビ

東仁洞チムカルビ横丁

入った店は「ユジンチムカルビ」。韓国産の韓牛は一人前2万5000ウォン。オーストラリア産は1万5000ウォン。少し張り込んで、ここは韓牛に。銀色の小型の洗面器のような鍋に入って出てくる。この鍋だと薬味と肉との混ざり具合がいいらしい。赤い。食べやすい大きさにハサミで切って、野菜に巻いてパクッ。確かに辛い。だが、煮込まれた肉からうま味と甘みが沁みだしてくる。カルビはほろほろと肉が骨から剥がれ、柔らかい。牛肉をしっかり食べたという満足感を味わえる。

1960年代に大邱の東仁洞に暮らす夫婦が作りだした料理と言われる。東仁洞には、その後、チムカルビの店が集まり、「東仁洞チムカルビ横丁」と呼ばれるようになった。

タロクッパ

大邱に来たなら、これを、という一品がタロクッパ。クッパは汁ご飯という意味で、ご飯にスープをかけたもの。タロは別々という意味で、ご飯とスープが別に出る時にタロがつく。

老舗の店は「クギルタロ」。創業1946年。朝鮮戦争の時にソコギクッパをご飯と別々に出したのがきっかけと言われる。

圧倒的な迫力は、どどんと入ったスンジ。スンジは牛の血の塊で、これを溶きながら食べる。少し鉄分の味がする。からだの芯から熱が全身に伝わる感じ。生臭さはない。大量なネギとニンニクやニラの風味がスープを引き立てる。だし味が効いているというのだろうか、スープのうまみが強めの辛

お寺へ GO! ❺

海印寺

三宝寺院の一つ海印寺は法の寺刹。経文を刻む八万大蔵経は、
いま閉じられた仏殿の中でひそかに時を刻んでいる。

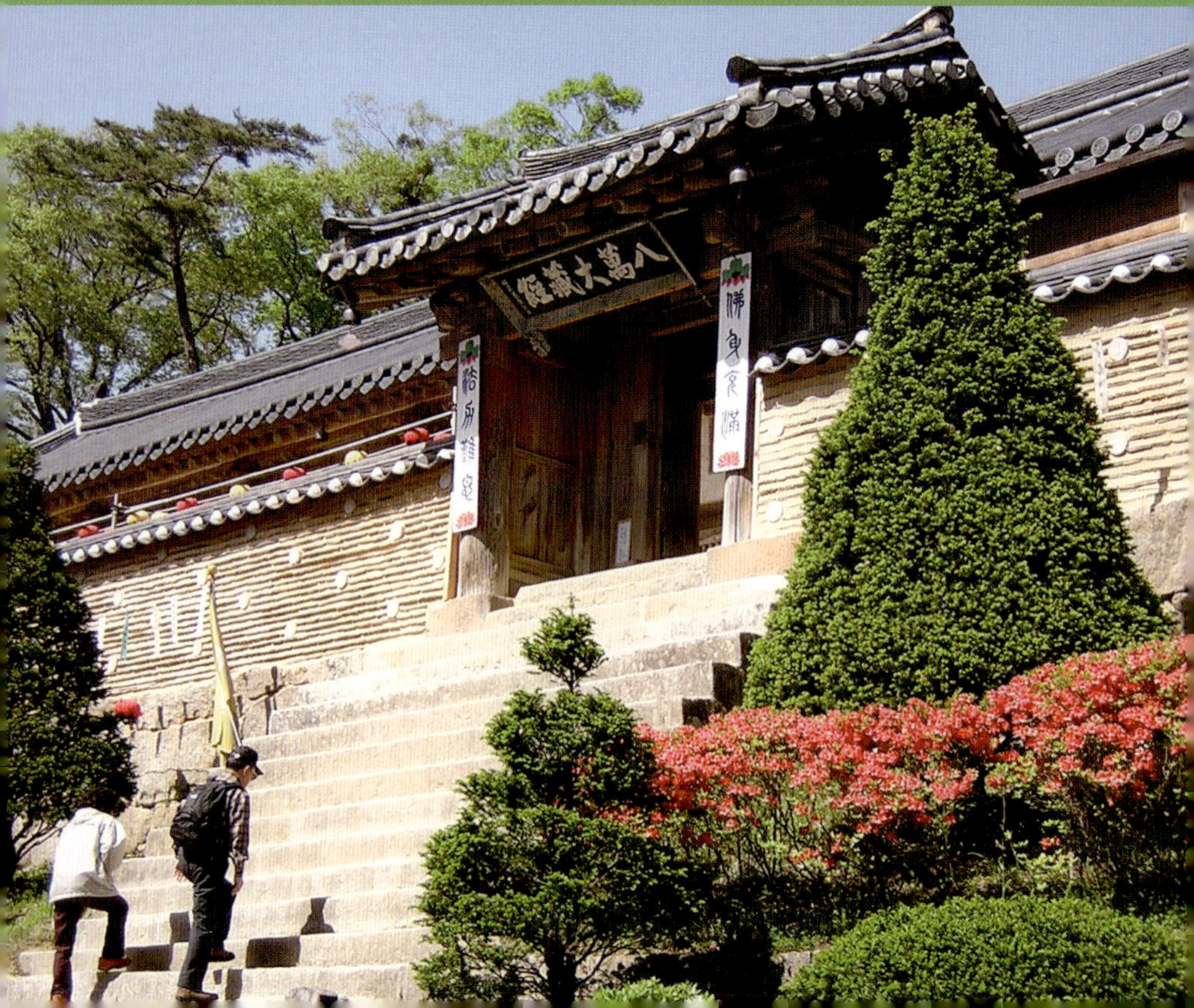

現在の蔵経板殿。ロープの外から見学する

蔵経板殿の間の中庭。昔はここまで入れた

八万大蔵経

海印寺《ヘインサ》が他のいかなる寺とも違うところが世界記録遺産の「八万大蔵経」を所有しているところだ。「八万大蔵経」とは、かつて高麗時代、侵攻するモンゴルの撃退を願って製作された仏教聖典「大蔵経」の木版の経板である。枚数が8万枚を超えることから「八万大蔵経」といわれる。

木板の材質は数年間海水に漬けたあと陰干ししたホオノキ。漆を塗って腐蝕を防いでいるという。そして、その経板を納めている建物が「蔵経板殿」。東西に長い同じ形の二つの建物からなる。

新聞に海印寺の記事が載っていた時、「八万大蔵経」の写真がなく、現在は撮影できなかったと書かれていて、えっ、そうなのかと思った。そして今回、実際に行ってみると、残念なことに、この経板を見ることはできなかった。「蔵経板殿」の風通しの窓に近づいて、中をのぞき見ることができなくなっていたのだ。渡されたロープごしに外観を見ることしかできない。10年ほど前は、この二つの建物が並ぶ中庭にまで入ることができた。そして、建物の窓越しに、納められた「八万大蔵経」を見ることができたのだ。だが、今はこの敷地内に入れなくなり、二つの建物を離れた位置から見るだけになっていた。経板は観光客から守られている。保存の観点からは仕方がないのかもしれない。宝物館に展示してあるレプリカを見るということになる。

棚いっぱいに経板が並ぶ蔵経板殿内部。撮影可能だった当時の写真

三層石塔と大寂光殿

一柱門

海印寺

しかし、それでも海印寺を訪れる価値は十分ある。「一柱門」までは、他の韓国の寺同様に川に沿った山道を歩く。門の手前に世界遺産の石碑がある。伽倻山1430メートルの主峰を背にしているこの寺は、一柱門から「鳳凰門」「解脱門」と門をくぐるたびに標高が少しずつ上がっていく。山から吹き下ろす風は湿度が少なく、心地良い。時折、騒がしくなるのは、中学生や小学生の遠足のグループが行き過ぎる時だ。その声も緑の木々の中に消える。

「解脱門」をくぐり「梵鐘楼」のある区画に至ると、迷路が作られている。「海印図」といって、大蔵経の真理を表していて合掌して一回りすれば功徳を積むことになるらしい。ぶらさがる提灯の下、数名の人がもくもくと経巡っていた。さらに進めば、中央に三層石塔が配置された区画に出る。正面の壇上に本殿「大寂光殿」が壮麗な姿を見せる。その本殿向かって左側にある「大毘盧殿」には、国内最古といわれる木造の毘盧遮那仏が奉安されている。

寺院の伽藍は通常は本殿までである。だが、海印寺は「大寂光殿」の裏に「蔵経板殿」が建てられている。寺の中で最も高い655メートルの場所。ここに立ち、寺を振り返れば、伽倻山の山懐に包まれて下界から離れたような気分になる。（渉）

大毘盧殿

海印図

Column

海印寺の世界遺産

2004年、初めて海印寺へ行った頃は、まだ蔵経板殿を間近で見ることができた。壁の連子窓からは、中の経板が棚に収められている様子を見ることもできた。その奥行きとそこにずらりと並んだ版木のボリュームに圧倒された。国を護るために仏様の加護を求めて祈り、一心にこの版木を刻んだ人々の思いが伝わってくる。この祈りの結晶こそが人類の遺産だと、うるうると涙ぐみそうになったことを覚えている。

それから何年も経って知ったことがある。「1995年、海印寺大蔵経板殿、世界文化遺産登録。2007年、高麗大蔵経板、世界記録遺産登録」。世界遺産は建物だけで、中身はそうではなかった。世界遺産に登録できるのは土地と建物だけなのだ。

世界記録遺産は、日本では「ユネスコ世界の記憶」と呼ぶもので、文書・書物・楽譜・絵画などの記録物を対象に、保護・公開する目的で登録するもの。世界遺産に比べると圧倒的になじみが薄く、日本から登録されているのは「山本作兵衛の炭坑記録画」など5件。韓国からは、ドラマでもおなじみの「朝鮮王朝実録」やハングルについての解説本「訓民正音」、許浚《ホジュン》が著した医学書「東医宝鑑」など13件が登録され、アジアで最多である。

高麗大蔵経は、仏教国であった高麗時代、二度にわたって国家事業として作られた。最初の大蔵経は11世紀、契丹《きったん》の侵攻を防ぐために作られたが、13世紀に侵攻した蒙古によって焼失してしまった。その直後から再び大蔵経の作成が行われ、16年の歳月をかけて完成した。これが現在海印寺に納められている大蔵経だ。

現存する版木は81258枚。八万大蔵経といわれる所以である。1枚の版木は幅70cm前後、高さ24cm、厚さ4cmで、両面に経文が彫られている。もちろん量だけではなく、教典の正確さや文字の美しさなど、質の高さも誇っている。何度か印刷も行われ、韓国はもとより、日本のいくつかのお寺にも大蔵経の印刷本がもたらされているそうだ。

その大蔵経を納める蔵経板殿は、手前の修多羅蔵《スダラジャン》と奥の法宝殿《ポッポジョン》という、正面15間側面2間の2棟が平行して建っている。しかも日当たりの良い南西向きに。また、壁には上下二つずつの窓が並んでいるのだが、建物の山麓側と山頂側で上下の窓の大きさが違っている。これは山麓から吹き上げる風と逆に吹き下ろす風を利用して内部の湿度を下げるための工夫なのだそうだ。床は塩・炭・石灰の上に黄土を重ね、自然に湿度調節ができるようになっている。棚の上と下は通風のため空けてある。価値があるのは建物じゃなく中身だろうと思っていたのだが、700年以上大蔵経を守ってきた蔵経板殿は、気候と地形に合わせた工夫がいっぱいの優れた建造物だったのだ。

現在、蔵経板殿は観覧がきびしく制限されている。中庭には入れず、修多羅蔵の外側を見るだけ。しかも2m以上離れたところから。窓から覗こうとしても中の方が暗いので棚の版木は見えない。一部の壁しか見られないので、窓の大きさの違いもわからない。確かに世界遺産の蔵経板殿は見られるし、世界遺産は観光促進のためではなく保存を目的として登録するものなのだが、これではどんな価値があって世界遺産になったのか、訪れた人に伝わるだろうか。悠

山荘別荘旅館

斜面を利用した伽藍配置

海印寺由来

創建は802年。日本の平安時代が始まった頃である。順応《スヌン》と利貞《イジョン》という僧が新羅王の寄進を受けて創建。高麗時代には国刹となる。朝鮮時代、太宗の時の仏教弾圧で廃寺になったようだが、世宗の時には復活。幾たびかの火災の後にも再建されている。寺の名は法華経の「海印三昧」に由来し、静かな海面に一切のものが映るように、煩悩や妄想のない仏の心に、すべてが映し出されるということを表している。曹渓宗の本山の一つで、国内外から参禅者が訪れ、テンプルステイも実施されている。

海印寺門前町

門前町といってよいものかどうか。「海印寺入口」の一つ先、終点の「海印寺バスターミナル」までバスに乗れば、食堂やみやげ物店、旅館がある一画に着く。

寺は、早朝と夕刻が趣深い。朝のすがすがしさの中に凛とした空気が流れる感じや、夕刻参拝者が家路につく時刻に静けさを取り戻していく雰囲気がなかなか、いい。それを味わうなら一泊する時間も大切だ。

この門前町にある「山荘別荘旅館」という宿は山間の情緒に包まれている。韓屋でオンドル部屋になっている。客室は15室ぐらいだろうか、温水の出るシャワーがついている。エアコンはないが、涼しくて必要を感じない。扉にはすだれが掛かっていて、夜には、そのすだれの下に蚊取り線香が焚かれる。するとすだれに沿って煙が上り、扉を開けていても室内に虫が入ってこない。

この宿は、何よりも廊下が見事で、漆でも塗っているように、磨き抜かれ光沢がある。その廊下には座れるスペースがあり、夕刻そこに座って缶ビールでも飲みながら本を読む。川のせせらぎが聞こえるこ

旅館の廊下

海印カフェ茶來軒

伽倻山食堂と土産品店

とが、かえって辺りの静けさを思わせる。夜が静かに降りてくる。

食事と休憩は

海印寺に行く時、寺だけを目的にするのであれば「海印寺入口」のバス停で降りればよい。海印寺参道に向かう通路の右側に「伽倻山食堂」という店がある。山菜定食や山菜ビビンバがお薦め。以前行った時は山菜定食を食べ、テーブルを埋める小皿に驚いた。今回は山菜ビビンバ。ナムルを盛った椀とご飯が別々に出てきて、それを混ぜる。他にバンチャンが8皿つく。アジュンマはテーブルに置く時に色どりを考えて配列する。食べていると、テンジャンチゲが美味しいだろうときいてきた。「マッシソヨー」というと、当然というように微笑む。自慢の自家製テンジャンなのだろう。この辺りは露店が並び、観光客を相手に山菜を売り込んでいる。

休憩には、一柱門そばの「海印カフェ茶來軒」がもってこいだ。韓屋の建物で庭の草花がきれいに手入れされている。伝統茶やハーブティがあり、食事もできる。テーブル席と個室を備え、僧たちが個室でコーヒーを飲みながらゆっくりと語りあっていた。窓が開け放たれて、真夏なのに吹き抜ける風が涼しい。

一泊した海印寺バスターミナルの門前町で入った食堂は、元気なハルモニ（おばあさん）と明るいアジュンマ（おばさん）の店、「スドッ食堂」。昼、バスターミナルから宿に向かっていると、食事をしていかないかと寄ってきたアジュンマがいた。こんな時は、結構鬱陶しかったりするものだが、何だか騒がしくなく憎めないアジュンマだったので、夜に食事に来ると言って別れた。そして、約束通り夜になって食事に行ったら、昼間のアジュンマはいなかったが、ハルモニが大歓迎。平日で客がほとんどいなかったからかもしれないが、客がいなければいないで、来た客を面倒くさがる店もあるので、この応対は気持ちよかった。

食べた料理はきのこ鍋。メニューにはハングルと

トンドン酒

山菜定食

山菜ビビンバ

英語と日本語と中国語の表記があった。韓国語では「ピョゴポソッ・ジョンゴル」。ピョゴポソッは椎茸のことだが、その名の通りというか、それ以上というか、椎茸を始めとして、きのこ類がふんだんに入っていた。また、バンチャンとして盛りつけられた山菜が一品ずつ違う味で、おいしいと言うと、「自分は子どもの頃からこれを作ってきた」と胸を張る。ということは、50年か60年、作ってきたということだろうか。それはおいしいはずだ。頼んだトンドン酒は、

きのこ鍋

混ぜると米粒が浮き、クコなどが入っている。ハルモニは自家製の酒だと言う。そして、サービスだとおつまみにジョンを出してくれた。さらに、きのこ鍋の肉は韓牛だと、冷蔵庫から肉を持ってきて自慢する。楽しい食事の時間だった。で、勘定しようとするとハルモニがいない。きょろきょろしていたら、外にいたおじさんが、知り合いの店で話し込んでいたハルモニを呼んできてくれた。ホントに、もう。歩

DATA

海印寺《ヘインサ》　해인사
【住所】慶尚南道陜川郡伽倻面海印寺ギル122
【電話】055-934-3000
【時間】8時30分～18時（11～2月は～17時）
【休み】なし（海印寺聖宝博物館は月曜休館）
【料金】₩3000（バスで行く場合、係員がバスに乗り込んできて料金を徴収）【MAP】P69、119
【行き方】大邱西部バスターミナルから海印寺行きバスで1時間30分、₩7100、40分間隔。

スドッ食堂《シッタン》　수덕식당
【住所】伽倻面緇仁1ギル14-1
【電話】055-932-7369　【MAP】P119

山荘別荘旅館《サンジャンビョルジャンヨグァン》　산장별장여관
【住所】伽倻面緇仁1ギル13-31
【電話】055-932-7245　【MAP】P119

お寺へGO! 番外編

春の粧い

仙巌寺

旧暦４月８日は釈迦誕生日。韓国では祝日だ。旧暦なので毎年変わるが、たいてい５月。お寺では１か月ほど前からたくさんの燃灯（提灯）が吊り下げられる。そのため、ゴールデンウィークに韓国へ行くと、多くのお寺の境内がきれいに飾り付けられている。ツツジの花の見頃とも重なり、華やかだ。さらに釈迦誕生日間近になると、夜には燃灯に明かりが灯され、輝きを増す。

松広寺

梵魚寺。階段の上にある大雄殿も見えないほど燃灯がびっしり

三光寺。境内を埋め尽くす数万個の燃灯と、龍や象などの形の大型燃灯で有名な寺。旅客船事故追悼のため、例年より光量を落としていた

街中のお寺も……龍頭山公園のエスカレーターの横の、龍頭山弥陀禅院

DATA

三光寺《サムグァンサ》　삼광사

【住所】釜山市釜山鎮区草邑川路43番路77

【電話】051-808-7111

【休み】なし　【料金】無料　【MAP】P9

【行き方】都市鉄道1号線四面駅９番出口、栄光図書向かいのバス停からマウルバス15番、三光寺下車。

上から見ると……釜山タワーから見た、大覚寺

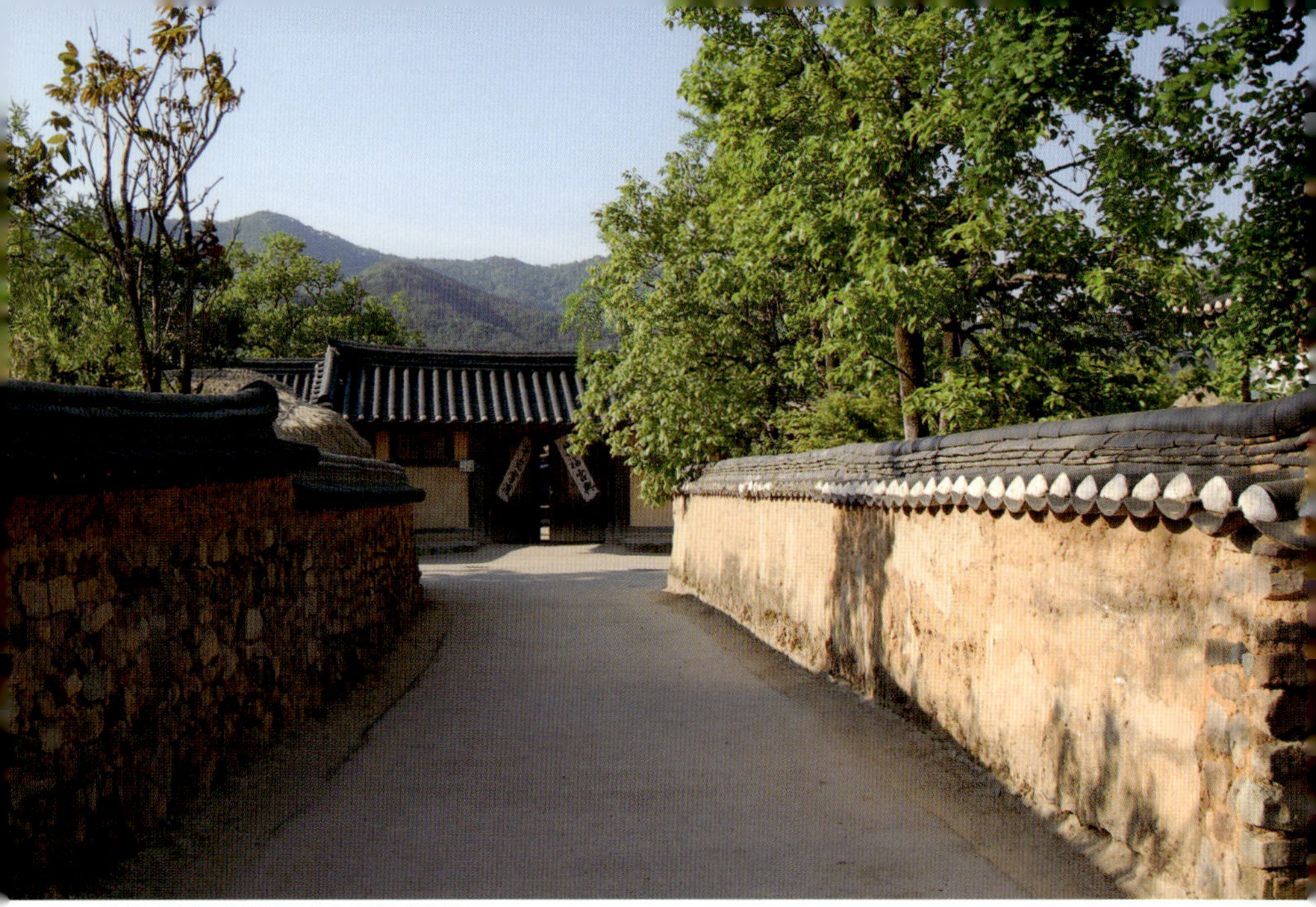

早朝の河回村。宿泊がもたらす贅沢な時間

安東

안동／アンドン

閉ざされた重厚な木の門扉は、中で暮らす人々の生活を守り、開け放たれた家屋は、柔らかく観光客をもてなす。

世界遺産の村は、今、現在を、生きている。

安東河回村へ

安東市内では、繁華街のバス停近くのホテルに宿泊した。朝早いバスに乗るためだ。今日は連休の日曜日。7時50分発の河回村《ハフエマウル》行きのバスはすぐに満席状態になった。40分ほどで河回村に着く。

ただし、バスは村から1キロほど離れた場所で乗客を降ろす。そこで、入場チケットを買い、シャトルバスに乗り換えて入村するようになっている。シャトルバスの所用時間は10分。自家用車の観光客も、ここでシャトルに乗り換える。食堂や土産物店もすべて、この一画にある。

10年ほど前訪れたときには、村内に食堂があった。しかし、火災が発生したことがあり、村を守る観点から、こちらに移設したということだ。もちろん、

洛東江が緩やかに流れる

芙蓉台

チケットを持っていれば、シャトルバスには何度でも乗れる。食事をするときは村と食堂街を往き来することになる。

河回村

河回村の時間は慌ただしさとは無縁だ。全州の韓屋村は新しさが古さを守っていた。観光客のニーズに合わせながら、伝統を上手にテーマパーク化していた。観光客は、その中で楽しめた。河回村は違う。守られてきた古さが、新鮮なのだ。伝統が僕たちを受け入れる。瓦葺きの両班家屋と藁葺きの民家が織りなす朝鮮時代の村、河回村。豊山柳《プンサンユ》氏という名家の両班村は、多くの観光客を迎え入れながら、その子孫によって守られている。その中で、楽しく時《とき》に迷う。

村の名前は、洛東江がS字型に湾曲しているところにできた村ということに由来する。河の迂回する流れは時間の流れに重なる。村の中をあくせく歩く必要はない。公開している家屋には吸い込まれ、門扉を閉じた家屋は壁越しに覗き込みながら、のんびりと歩く。

突然、路地が開けた。川岸に出る。そこは松林。万年松と名づけられている。その松の岸辺の向こう、洛東江の対岸には屏風のように岸壁がそびえている。芙蓉台《プヨンデ》だ。来た道をふり返れば、菜の花畑の向こうには韓屋が点在していた。

芙蓉台

河回村を見渡すには、洛東江対岸の芙蓉台に登ればいい。舟はほんの5分ほどで対岸に着く。ゆるやかな傾斜の道を登り、屏風のような絶壁の上に立てば、湾曲する洛東江が見える。そして、その湾曲部分にある村の全景を見ることができる。遠く穏やかな山並みを背景にして、村は日射しの中に佇んでいる。

真下を見れば河の流れが怖いほどの距離感を持っている。ここは有名なドラマのロケ地。時代設定によって遠景の河回村はCG処理される。それこそ三国時代から現代まで。登場人物は、たいてい追い込

三神堂の神木

屏山書院

まれて河に落ちるか、飛び込む。でもね、ここから落ちた登場人物は、ほぼ助かる。そして、復讐を遂げるのだ。

古宅

河回村は散策自体が楽しいのだが、特に豊山柳氏の総本家である「養真堂《ヤンジンダン》」や、壬辰倭乱・丁酉再乱の時に活躍した宰相柳成龍《ユソンニョン》の宗宅「忠孝堂《チュンヒョダン》」は、堂々とした構えを持ちながら、華美を排除し、凛とした風格を持っている。また、樹齢６００年を越える欅の木「三神堂神木」は、出産と成長を助ける木として多くの人が訪れていた。

村から少し離れたところにある「屏山書院《ピョンサンソウォン》」も、時間があれば訪れたいところだ。１日３便のバスに乗って15分ほど。河回村の東にある花山という山中にある。緑の花山を背景に洛東江も臨める。何もないのどかな景色の中に、柳成龍を称えた楼閣は溶け込んでいる。

養真堂

忠孝堂

宿泊

河回村での宿泊には独特のやすらぎがある。日が暮れると村は昼間の喧噪が嘘のように静けさに包まれる。宿泊した北村宅《プッチョンテッ》は、他の宿泊客がいるにも関わらず、自分たちしかいないようだ。古く由緒ある

北村宅の母屋

北村宅の居間

和敬堂。北村宅の別棟

家具に囲まれ、穏やかに一日をふり返る。早い時間に床についたのだが、朝まで熟睡してしまった。そして、朝。朝食の前に河回村を散歩する。表を掃除している住人がいる。鳥の鳴き声がする。澄んだ空気に包まれて、ゆるやかに一日が始まる。

村内には民泊といって宿泊できる民家や両班家屋がある。その中でも、北村宅は200年ほどの歴史を持ち、河回村最大の屋敷と言われる。母屋と別棟からなり、中庭には樹齢300年の松がある。この松は洛東江のS字型の湾曲に似た姿をしているとして大切にされている。部屋の扉を開けば、正面に芙蓉台が見える。芙蓉台から見えた美しい両班家屋がここだったことに気づいた。

食事

食堂街は、河回村へのシャトルバスが出ている駐車場の近くにある。

ほとんどの店が民家を改造した伝統的な装いで、室内席とテラス席を設けた店が多い。食事の中心は

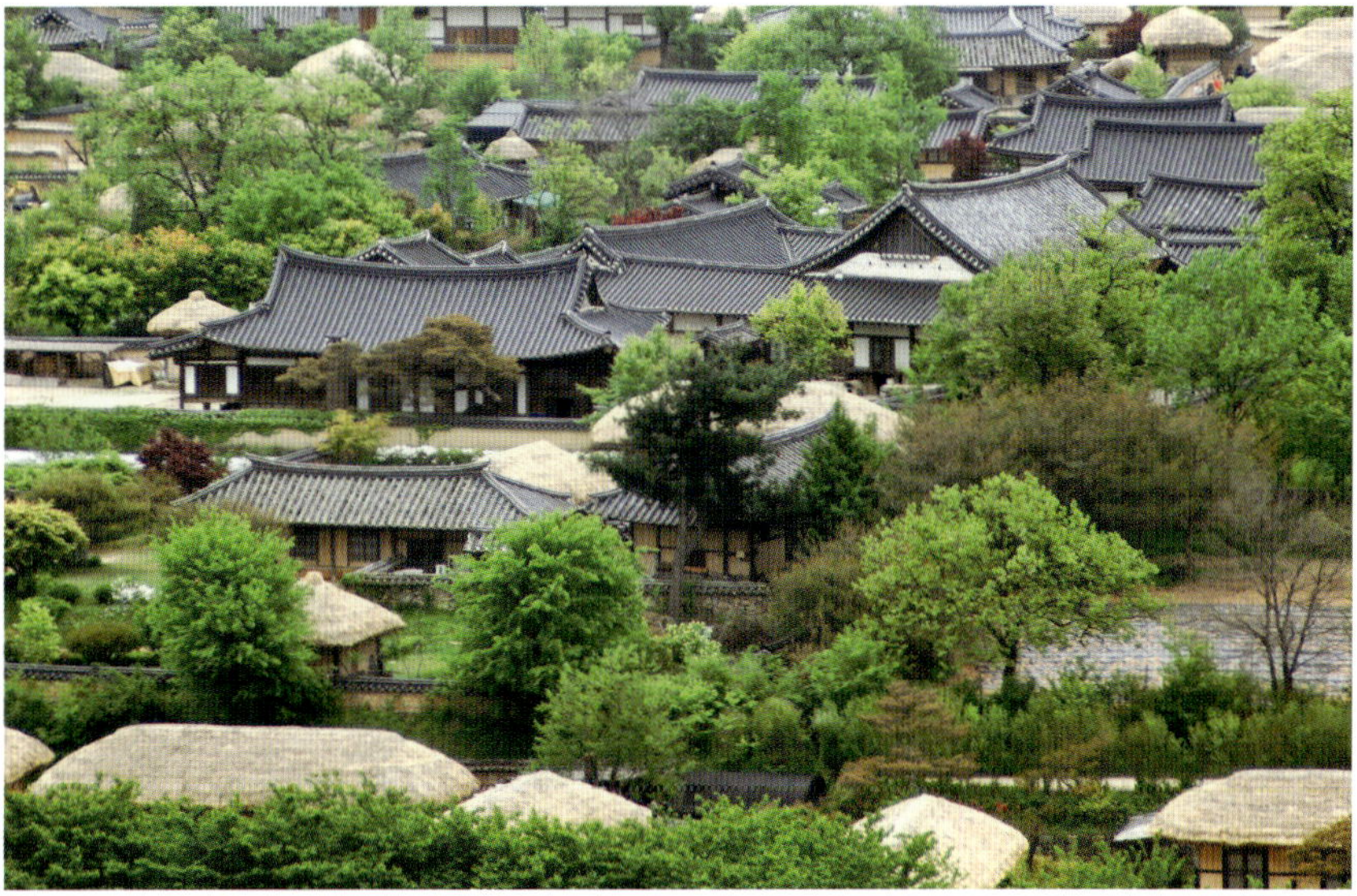

北村宅遠景

破戒僧の場

老婆の場

白丁の場

安東名物のチムタッ（鶏肉と春雨の甘辛煮）とカンコドンオ（塩さば）、それにククス。安東焼酎やマッコリもある。歩

河回別神グッ仮面舞

今回、楽しみにしていたものの一つが仮面舞だ。前回安東へ行った時は日程が合わず、見られなかったのだが、公演回数も増えて見やすくなっている。

会場は家族連れでいっぱい。立ち見となった。

「グッ」とは巫女が歌舞を演じて神に祈願する儀式で、「別神《ビョルシン》グッ仮面舞」は村の安寧と豊作を祈って定期的に行われたグッの一環。ここで上演されるのは、迎えた神様を楽しませるための6つの場だ。

楽隊の音に合わせて、村の守り神の代役である閣氏《カッシ》が入場する舞童の場。大きな麻袋のような衣装に羽根の生えた小さな面の想像上の動物チュジが、2匹で踊ったり争ったりするチュジの場。このあたりまでは祭礼色が強いが、このあとの場は人間くさい芝居になっていく。

白丁《ペッチョン》（屠刹業の賤民）と牛が登場。着ぐるみの牛は歩き回って観客におしっこを引っかけていく。もちろんペットボトルに入れた水なのは丸見えなのだが、客席からは歓声が上がり、演者と客席の距離は一気に縮まっていく。白丁は斧で牛を倒してふぐりを取り出し、「精力のつくふぐりはいらんかね」と観客に声を掛ける。ところがノリのよい観客から「買う」と声がかかると、つべこべと言い訳している。客席は爆笑だ。ここで売っちゃうと、あとで困るのだ。

続く老婆の場が一番面白かった。老婆が自分の人生を嘆く機織り歌を歌う。「15で嫁に行って3日で寡婦になった」と。そしてセリフをしゃべり出したところ「マイクが入ってなかった。ごめんなさい」と言って、また機織り歌からやり直す。大爆笑。「これも運命さ」と踊りながら、観客相手に物乞いを始める。「丸いのじゃなく、四角いのをちょうだい」と手振りを交えて言うから、また爆笑。おひねりを渡そうと客席のあちこちから声がかかる。老婆は小柄な男性が演じているのだが、ヒザを曲げ腰に手を当てて前屈みに歩く姿はおばあさんそのものだ。

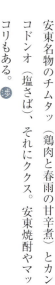

フィナーレ。みんなで踊る

両班と学者の場

流浪の破戒僧が芸妓のブネを誘って一緒に踊り出す破戒僧の場。それを見て両班《ヤンバン》の召使いたちは笑い、こちらも踊り出す。さらに観客を引っ張り出して一緒に踊る。

最後の両班と学者の場は、登場人物も多く、風刺も効いている。両班と学者がブネを巡って自慢合戦。仲直りもつかの間、白丁が売りに来た牛のふぐりの奪い合い。老婆にも呆れられるが、結局みんなで踊り出す。

この仮面舞は重要無形文化財に指定されており、12世紀から伝わる仮面は国宝。以前は、河回村の中にある三神堂の神木の下で行われていたそうだ。皆で踊り出し、観客を巻き込んでいく内容に、劇場で上演される劇ではなく、広場で行われる祭礼なのだと感じられた。

韓国語がほとんどわからなくて大丈夫かと心配していたが、退屈する暇もない1時間だ。入口で売られている日本語パンフレットを事前に読んでおけば、流れやセリフの内容もわかるし、仮面についての解説もあり、十分楽しめる。悠

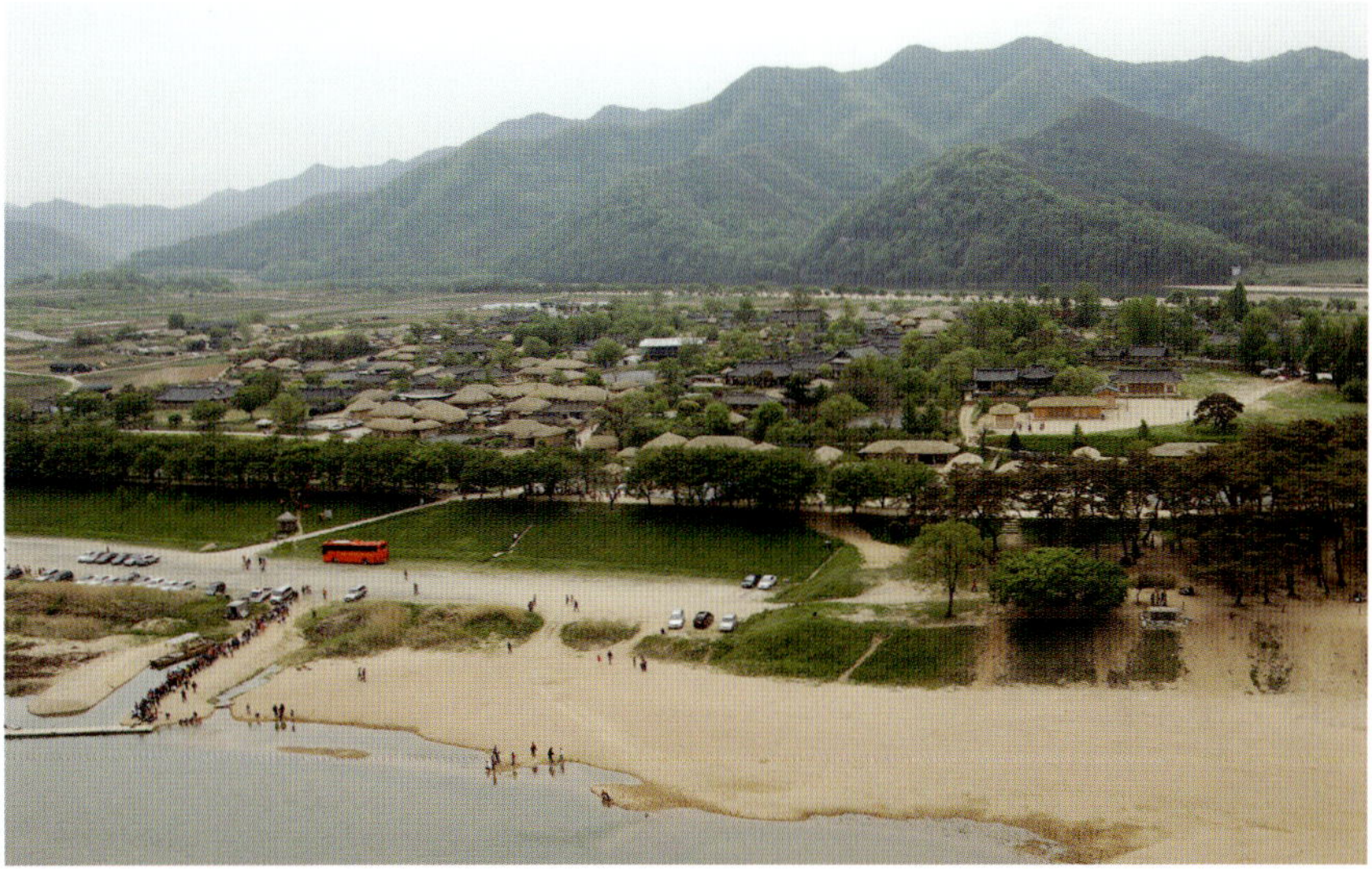
芙蓉台から見た河回村

たくさんの建物が建ち並ぶ陶山書院

陶山書院・典教堂

陶山書院

儒学の大家、李退渓《イテゲ》が1561年に建てた朱子学の教育施設が陶山書院《トサンソウォン》である。退渓は李滉《イファン》の号。1000ウォン札の肖像画の人物だ。彼と李栗谷《イユルゴッ》とを朝鮮二大儒者という。

10年ほど前来たとき、バス停に停車していた二台のバスのどちらに乗ればいいのか迷っていたら、背筋の伸びた老紳士が日本語で教えてくれた。そして、書院に着くと、自分が案内しますと言った。李賛喜《イチャンヒ》さん。定年退職後、ボランティアで案内役をしているそうだ。日本で暮らし日本の大学に通ったという彼の日本語は、彼の姿同様に折り目正しいものだった。彼は、儒学は中国で始まったが、その正統を維持してきたのは韓国だと強く語り、また遠足で来ていた小学生が土足厳禁の所に足を挙げると、厳格に叱りつけた。李退渓への尊敬と自分の仕事への揺るぎない自負が全身から溢れていた。

その日、夜ホテルに戻ると、フロントに李さんからの贈り物が預けられていた。写真立てに入った陶山書院の写真と安東の絵葉書だった。すぐに、もらった名刺の住所に電話をかけ、お礼を言った。

それから10年、韓国の連休に訪れた書院は、多くの観光客の賑わいの中、五月の日射しを受けて、溌剌とした生気を放っていた。もちろん、かつて学究の徒が集まった、静謐な賑わいとは違っているのだろうが。

講堂である典教堂《チョンギョダン》、弟子を指導した書堂や、知が光をもたらすと告げるように光明室《クァンミョンシル》と名づけられた書庫、弟子の宿舎隴雲精舎《ノンウンジョンサ》など、書院内の建物は質素でありながら品格があり、朝鮮儒学を支えた人物の人柄を想像させる。(歩)

書庫・光明室

河回村の風景。藁葺きの民家

月映橋。安東湖に架かる木造橋

陶山書院の試士壇

安東への交通

●釜山から
総合バスターミナルから約２時間40分、₩16200、約50分間隔。
釜田駅からムグンファで4時間弱、₩15000、１日３本。

●大邱から
東大邱駅向かいの中央高速ターミナルから約１時間40分、₩10000、20〜25分間隔。

●ソウルから
東ソウルバスターミナルから約２時間50分、₩16500、10〜20分間隔。
清涼里駅からムグンファで3時間20分前後、₩15500、１日7本。

DATA

北村宅《プッチョンテッ》　북촌댁

【住所】安東市豊川面河回北村ギル7
【電話】010-2228-1786
【MAP】P 119

DATA

安東河回村《アンドンハフェマウル》　안동하회마을

【住所】安東市豊川面河回里
【電話】054-852-3588
【時間】9時〜19時（10月〜３月は〜18時）
【休み】なし　【料金】₩3000　【MAP】P 119
【行き方】安東駅近くの教保生命バス停または市外バスターミナル前から46番バス（１日12本、うち３本は屏山書院병산서원まで行く）で約50分、河回マウル下車。

河回別神《ハフェビョルシン》グッ仮面舞(タルノリ)　하회별신굿탈놀이

【場所】河回村内　河回別神グッ仮面舞伝授館
【公演日】３月〜11月の毎週水・土・日曜
【時間】14時〜15時　【料金】無料　【MAP】P 119
【パンフレット（韓・日・中・英）】₩2000。

陶山書院《トサンソウォン》　도산서원

【住所】安東市陶山面陶山書院ギル154
【電話】054-856-1073
【時間】9時〜18時（10月〜２月は〜17時）
【休み】なし　【料金】₩1500　【MAP】P 119
【行き方】安東駅近くの教保生命バス停から67番バス（１日５本）で約40分、陶山書院下車。

ホッチェサパッ。左の赤いのが安東シッケ

チムタッ横丁

祭祀の器のおかず

赤くないビビンバ

河回市場

ホッチェサパッの店としてよく知られているのが「カチクモンチッ」。６種のナムルのビビンバ、大根のスープ、ジョンの盛り合わせの「ホッチェサパッ」。これにイシモチ、サメ肉と牛肉の串焼き、トトリムッ（ドングリ寒天）の和え物などが付いた「両班膳《ヤンバンサン》」を食べたかったのだが、「今日はホッチェサパッしかできない」という。混雑する連休はメニューを絞るということなのだろう。ホッチェサパッに塩サバと安東シッケを追加した。

ホッチェサパッのメインはビビンバ。両班の祭祀のご馳走にしては意外と庶民的。祭祀の料理には唐辛子やニンニクを使わないので、ビビンバのタレも醤油ベース。混ぜても一般的なビビンバのように赤くならない。見た目も上品だし、さっぱりとして美味しいものだ。

おかずは豆腐やタラなどのジョン（食材に小麦粉と卵をつけて焼いたもの）とサメ肉や塩サバを焼いたものなど。これが高坏のような真鍮の器に載っていて、いかにも祭祀っぽい気分が味わえる。

普通のシッケはもち米と麦芽で作るほんのり甘い発酵飲料。しかし安東シッケは見た目も味も全然違う。粉唐辛子と生姜が入って赤い上に、刻んだ大根が浮かんでいる。甘酸っぱくピリッと辛くて、サクサクの歯ごたえで、さっぱり爽やか。話にきくと不思議な飲み物だが、試してみて損はない、と思う。

安東《アンドン》チムタッ横丁（コリ） 안동 찜닭거리

【住所】安東市繁栄ギル
【時間】10時～22時頃 【休み】年中無休の店もある
【MAP】P153

河回《ハフェ》市場（ジャント）（河回村入口飲食街）
하회장터

【時間】9時～20時頃 【休み】なし 【MAP】P119

カチクモンチッ 까치구멍집

【住所】安東市石洲路203 【時間】11時30分～21時
【電話】054-821-1056
【休み】旧正月と秋夕の前日と当日 【MAP】P119
【行き方】安東駅前から3番バス、月映橋《ウォリョンギョ》월영교下車。タクシーだと
₩5000くらい。

安東名物料理

安東チムタッ

安東には名物料理もたくさん。

まずは「安東チムタッ」。鶏の甘辛煮込みだ。安東駅近くの安東旧市場《クシジャン》の西半分がチムタッ横丁。100m弱のアーケード街に30軒ほどのチムタッ専門店が集まっているという。

注文する時に聞かれたのが「辛くする？辛くしない？」だ。ちょっと迷ったが、辛くないのにする。あとから入ってきた若い韓国人カップルの男の子が「辛くして！すごーく辛くして」と注文すると、女の子が怒って「普通に辛く」と訂正していたから、辛いのは本当に辛いのだろう。

チムタッ

塩サバ定食

待つことしばし。ブツ切りの鶏にジャガイモやニンジンなどの野菜とタンミョン（韓国春雨）が入って、ボリューム満点。醤油味がベースなのだが、ちゃんと唐辛子もきいている。ほどよい辛さと甘さで食が進む。美味い。ごはんにもお酒にもどっちもいける味だ。

鶏１羽分で１皿2万5000ウォン。横丁の店は皆同じ価格に統一されているらしい。２～３人ならこれで十分な量だ。満腹、満足。次の機会には辛いのに挑戦してみようか。

安東塩サバ

海沿いでもないのに、塩サバならどこでも同じじゃないの、と思ってしまうのだが、東海岸の盈徳《ヨンドッ》で水揚げされたサバが、２日かけて運ばれて安東に着く頃に一番美味しくなるのだという。若狭から鯖街道を通って京に着く頃が食べ頃というのと同じ理屈か。しかしちょっと違うのは、安東のサバは塩をせずに運んで来て、熟成して腐り始める直前に大量の塩を振ること。単純な食材のようで、なかなか絶妙な発酵食品文化だ。

河回村入口の食堂街の店で食べた「塩サバ定食」２人前２万ウォン。焼き塩サバは大きくて身はふっくら、じわっと旨味が広がる。名物になるだけのことはある。

塩サバ定食が食べられる店は市内各所にある。お土産品としても人気のようで、河回村食堂街の売店でアイスクリームかと思って覗いた冷凍ケースの中身は塩サバだった。

ホッチェサパッ

偽祭祀料理。不思議な名前の、しかし安東らしい名物料理だ。

両班の家では年間10回以上の祭祀《チェサ》（法事）が行われる。準備は大変だったろうが、飲福《ウムボッ》というお供えしたご馳走のお下がりと、白いご飯が食べられる日でもある。ホッチェサパッの起源には諸説あるが、普段でもご馳走を食べたいと思った両班が、「祭祀をする」と嘘をついて料理を作ったのが始まりとか。

全羅南道

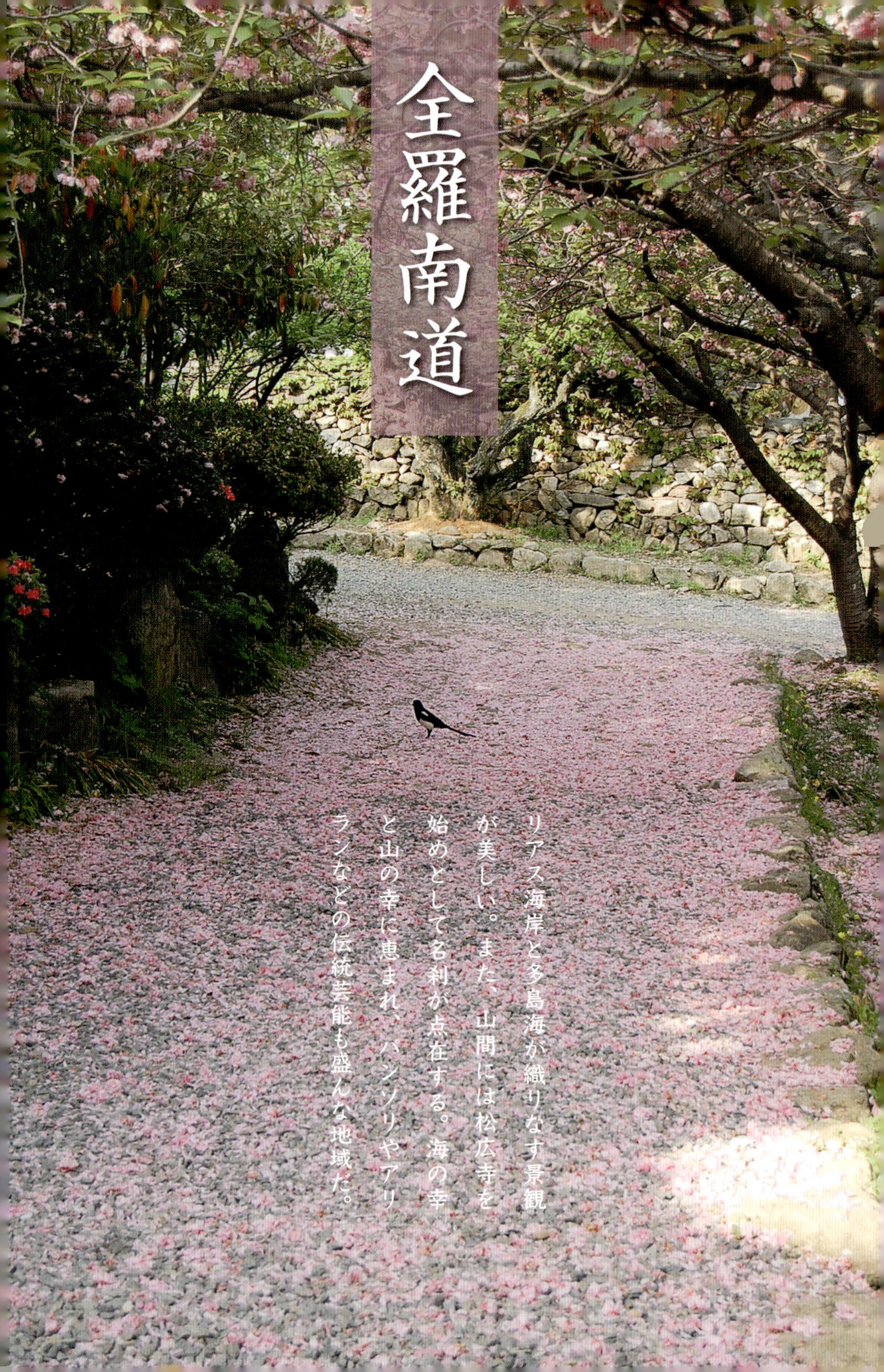

リアス海岸と多島海が織りなす景観が美しい。また、山間には松広寺を始めとして名刹が点在する。海の幸と山の幸に恵まれ、パンソリやアリランなどの伝統芸能も盛んな地域だ。

全羅南道マップ

順天マップ

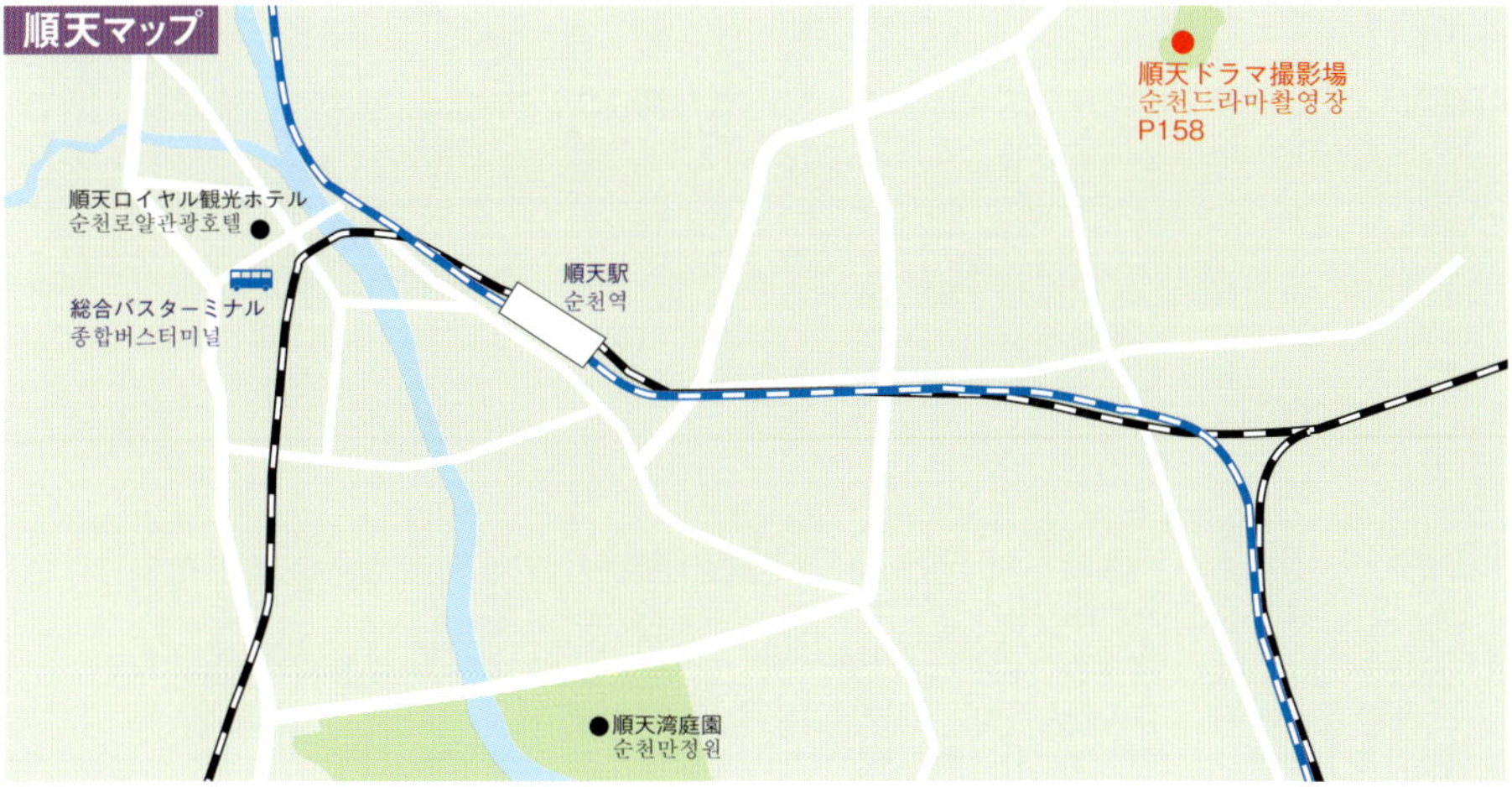

楽安邑城。城壁に上ると村を一望できる

順天

순천／スンチョン

順天シティツアー

広い順天を効率よく見て回るには、シティツアーが便利だ。ドラマ撮影場・松広寺《ソングァンサ》・楽安邑城《ナガンウッソン》・順天湾を回るシティツアーバスに乗ったのは２００６年５月。予約は観光案内所で行った。いささか古い体験で恐縮なのだが、なかなか良いコースで、長い間同じコースが運行されていた。現在は、お寺や楽安邑城と順天湾を訪れる郊外コースと、順天湾やドラマ撮影場などを回る都心循環コースがある。

順天駅前でバスに乗る。祝日のためか満員。ほとんどが韓国人だ。まずドラマ撮影場へ向かう。ここは当時放送中だった、順天を舞台にしたドラマ「愛と野望」（２００６年・ＳＢＳ）のセット場として作られた。ガイドさんが「見てる人？」と聞くと女性を中心にかなり手が上がっていたので、人気のドラマだったようだ。60年代の順天の町並みセットは店や市内を流れる川まで再現され、郷愁を誘う。タルドンネのセットは小さな家が斜面にびっしり。タルドンネは、直訳すれば月の町。手を伸ばせば月に届

石壁と藁葺き屋根の草家が並ぶ

楽安邑城の城門から

ドラマ撮影場のタルドンネセット

きそうという意味で、朝鮮戦争の避難民などが斜面の上へ上へと住み着いてできた、貧しい人々の町だ。この撮影場はその後も「エデンの東」など多くのドラマや映画の撮影に使われている。

　バスは曹渓山《チョゲサン》を回って松広寺へ。「ここで各自昼食をとって、チケット売り場の前に集合です。今日は子どもの日なので、入場は無料です」拍手が起こる。ということで、そのあと観光となるのだが、松広寺については別項に譲る。

　楽安邑城は、周囲1・5キロほどの城壁で囲まれた民俗村。観光や撮影用の民俗村と違い、今も人々が暮らしている活きた民俗村だ。その歴史は古く百済時代から続くが、石積みの城壁ができたのは朝鮮時代のことらしい。山城と違い、平地にある邑村は近代に取り壊された所が多い中、昔の姿をとどめている点で価値は大きい。季節の伝統民俗行事なども行われている。

　ガイドさんが入口で何か説明を始めたが、聞いてもわからないので、とっとと城門をくぐって中に入る。楽安邑城の特徴は、両班村ではなく庶民の村ということ。瓦屋根は役所の建物と城門だけ。草家《チョガ》と呼ばれる藁葺き屋根の民家が並ぶ。緑の木々と菜の花畑の中に丸みを帯びた屋根が並ぶさまは、穏やかで、いとおしささえ感じるほどだ。

　最後は順天湾。順天っ子自慢の夕陽の名所だ。東川《トンチョン》の河口に拡がる3550ヘクタールの湿地がラムサール条約に登録されている。

　葦の群落は、優れた浄化機能で湿地の豊かな生態系を保ち、木製の遊歩道からカニやムツゴロウなど多くの生き物が見られる。また、市の鳥であるナベヅルやサギ、チドリなど、季節ごとに多種の渡り鳥がやってくるという。順天第一の景勝地という表現にも納得だ。

　だが、とにかく広い。湿地の南端に見える龍山《ヨンサン》展望台からは干潟が一望できるのだが、山道を通って往復2時間。シティツアーでは時間が足りず、後日

菜の花畑の向こうに草家の屋根

龍山展望台から見た河口のS字水路

順天湾の広い葦原

再訪時にようやく行くことができた。文学館や天文台もあり、すべて見て回るとかなり時間がかかりそうだ。さらに2013年の順天湾国際庭園博覧会に際して、湿地の北側に順天湾庭園が作られた。シティツアーに都心循環コースが設けられたのは、順天湾をゆっくり見たい、庭園も見たいという要望に応えたものなのだろう。悠

遊歩道から見える干潟の生き物たち

順天への交通

●釜山から
西部市外ターミナルから2時間30分。
一般バス₩11700、優等バス₩17100、1日28本。
総合バスターミナルから2時間30分、₩18200、1日7本。

●ソウルから
セントラルシティバスターミナルから3時間50分、₩28600、約40分間隔。
龍山駅からKTXで約2時間40分、₩44000、1日10往復。

DATA

順天《スンチョン》シティツアー　순천시티투어

【乗車場所】順天駅前　【電話】061-742-5200
【時間】9時30分～17時30分
【休み】月曜、1月1日、旧正月・秋夕の連休
【料金】
仙巌寺コース
　水・金・日曜、₩15700（入場料込み）
松広寺コース
　火・木・土曜、₩16500（入場料込み）
都市循環コース：₩5000。1日10便、乗降自由

順天《スンチョン》ドラマ撮影場《チャリョンジャン》　순천드라마촬영장

【住所】順天市ピレゴルギル24
【電話】061-749-4003　【時間】9時～18時
【休み】なし　【料金】₩3000　【MAP】P157
【行き方】順天駅・バスターミナル前から77、777番バス、ドラマ撮影場下車。

楽安邑城《ナガンウッソン》　낙안읍성

【住所】順天市楽安面忠愍ギル30
【電話】061-749-8831　【時間】9時～18時
【休み】なし　【料金】₩4000　【MAP】P157
【行き方】順天駅・バスターミナル前から16、63番バス、楽安邑城下車。

順天湾湿地《スンチョンマンスッチ》　순천만습지

【住所】順天市順天湾ギル513-25
【電話】061-749-6052
【時間】8時～日没時
【休み】月曜（祝日の場合は翌日）、旧正月、秋夕
【料金】₩8000　【MAP】P157
【行き方】順天駅・バスターミナル前から66、67番バス、順天湾下車。

お寺へ GO! ⑥

仙巌寺

一柱門は色あせて落ち着いた風情

韓国仏教第二勢力である太古宗の総本山、百済時代から続く名刹だ。が、この寺の名を高めているのは、その参道かも知れない。

韓国の寺は山の中にあることが多い。バスを降りて20分以上歩くことは珍しくなく、それがしんどい所もあれば心地よい所もある。そして仙巌寺《ソナムサ》の参道は最も気持ちよく歩いた参道だ。緩やかな山道に両側から木が生い繁る緑のトンネル。渓流に沿って森林浴気分で歩いて行くと、やがて参道の二つの名所が現れる。昇仙橋《スンソンギョ》と降仙楼《カンソルル》。

昇仙橋はアーチ型の石橋。仙女が沐浴して天に昇るという所だ。石橋が二つ続いているが、奥のほうが昇仙橋。橋の下側、アーチの天井部分に龍の頭の彫刻が付いている。

対する降仙楼は、反り返った入母屋屋根が美しい二階建ての楼閣。仙女はここへ降りてきて渓谷で沐浴をするということか。

ここからは5分ほどで一柱門。天王門など他の門はなく、いきなり境内に続く。丹青が色あせて落ち着いたたたずまいの建物も多く、柔らかな新緑に包まれてすっぽりと山の中に収まっていた。境内には樹齢数百年という梅や松の古木があり、周囲には800年になる茶樹が自生している。寺に付

初夏の参道は新緑のトンネル

昇仙橋の下から見える降仙楼

設された野生茶体験館では試飲もできる。

仙巌寺の起源については諸説あるが、いずれにしろ6世紀前半にさかのぼる。高麗時代まで数度にわたって拡充されるが朝鮮時代に廃寺。復興されるも、丁酉再乱（慶長の役）で焼失。その後も再建と焼失を繰り返し、宗派も変わるなど、1500年の歴史は波瀾万丈だ。悠

大雄殿

DATA

仙巌寺《ソナムサ》 선암사

【住所】順天市昇州邑仙巌寺ギル450
【電話】061-754-5247
【時間】7時～19時（季節変動あり）
【休み】なし　【料金】₩2000　【MAP】P157
【行き方】順天駅・バスターミナル前から1、16番バスで約50分、仙巌寺下車。

お寺へGO!⑦

松広寺

一柱門に掛けられた「僧寶宗刹曹渓叢林」の額が告げる。16 人の国師を輩出した松広寺は、三宝寺院の一つ、僧宝の寺なのだと。

伽藍を囲む清流が様々な姿を見せる。滝のように流れ落ちたり、せせらぐ小川のようであったり、池のように貯えられたりしている。境内へは、この水路を渡って入る。「三清橋」という石のアーチ橋が架かる。橋の上には「羽化閣」という楼閣。ここで俗世から仏の世界へと入っていくことになるのだろうか。橋と門と楼閣が一つになった独特の建築である。手前には「臨鏡堂」という堂宇の、せり出したテラスがある。石垣と水と木造建築物が織りなす景観が美しい。また、松をはじめとした山林と伽藍が清流で分けられている様子も、凛とした雰囲気を感じさせる。大きく山林に包み込まれ、自然との一体感を示しながらも修行の場である峻烈を表しているようだ。

曹渓山西側の山麓に建つ松広寺《ソングァンサ》は、新羅末期に慧璘禅師《ヘリンソンサ》が創建した吉祥寺という小さな寺から始まる。高麗の時代13世紀初頭に、知訥《チヌル》が仏教を浄化する組織定慧結社《チョンヘギョルサ》をここに移し、修行の根本道場修禅寺とした。さらに松広寺と改名。知訥をはじめとする16人の国師を輩出して、僧宝寺院と呼ばれるようになった。知訥が開いた韓国最大宗派曹渓宗の発祥

下舎堂と大雄宝殿の特徴的な屋根が重なる

羽化閣。龍に見つめられ

一柱門

地といわれる。この寺も歴史の風雪にさらされ、建造物が繰り返し消失してきた。1984年から88年にかけての大規模再建事業で大雄宝殿など33の建物を復元、現在の姿を見せている。

訪れたのは釈迦誕生日を控えた5月。各殿閣をつなぐように飾られた色とりどりの提灯が、新緑を背景に揺れていた。陽射しの中で丹青《タンチョン》が鮮やかだ。休日を楽しむ観光客の賑わいの中でも、日々の勤めをはたしている僧の姿がある。寺院の建物の持つ雄壮で引き締まった印象とも相まって、信仰の場として生きている寺院なのだと実感する。

左右両翼に張り出し部分を持つ壮麗な大雄宝殿、見張り台のように突き出た換気口が独特な韓国最古の寮舎下舎堂と境内をめぐり、それぞれの殿閣に奉安されている仏像を拝んでいると時が経つのを忘れる。だが、忘れずに訪れたい場所がある。境内の一角に設けられた小高い場所だ。階段を上り、そこに立てば、伽藍の瓦屋根を眺望できる。萌えるような緑の木々と呼応するように重なり合う瓦屋根。思わず、すごいと呟いた。（歩）

大雄宝殿

大雄殿の二重入母屋屋根の丹青

DATA

松広寺《ソングァンサ》　송광사

【住所】順天市松広面松広アンギル100

【電話】061-755-0107

【時間】夏季 6時～19時
冬季 7時～18時

【休み】なし 【料金】₩3000 【MAP】P157

【行き方】順天駅・バスターミナル前から63、111番バスで約80分、松広寺下車。

お寺へ GO! ⑧

華厳寺

華厳《けごん》の教えを名に持つ寺は、
聖なる智異山《チリサン》に抱かれた湖南第一の古刹である。

覚皇殿

華厳寺《ファオムサ》渓谷と呼ばれる川沿いの山道を歩けば、澄んだ空気に包まれる。一柱門から金剛門、天王門をくぐれば伽藍の中央部に至る。圧倒されるのは「覚皇殿《カグァンジョン》」の大きさと、その風格だ。正面7間、側面5間、2階建て入母屋建築。荘厳、重厚と形容される、韓国最大級の木造建築である。正面への階段に足をかければ、開かれた扉から、釈迦如来を中心とした三尊像や菩薩など金色の仏像が拝せる。華厳世界への夢の表れかもしれない。

創建は544年インドの僧縁起《ヨンギ》による。670年には新羅の僧義湘《ウィサン》が華厳十寺刹の一つとして増築。当初、覚皇殿は丈六殿と呼ばれ、義湘は、華厳経を彫り込んだ石経で仏殿の四方の壁を飾ったとされる。朝鮮時代の仏教弾圧で廃寺の時期もあるが、それを経て存続。壬辰・丁酉倭乱のおり、木造建築物は焼失し石経も破壊された。残っていた石の基盤をもとに朝鮮時代の1630年から再建。現在の伽藍となっている。砕けた石経の破片も、数千点が保管されている。覚皇殿という名は、ドラマ「トンイ」の王、粛宗《スクチョン》が「王を悟らせた」という意味を込めて

四獅子三層石塔

大雄殿

一柱門

名づけたといわれる。

また、この寺院の本尊である毘盧遮那仏を奉安する大雄殿は、境内の建物の中で最も古く、堂々とした佇まいである。毘盧遮那仏といえば奈良東大寺の大仏を思い起こすが、ともに華厳経をもととして鎮護国家の理念を持ち建立されたものである。

華厳寺で見逃せないのは石の建造物だ。覚皇殿の前にある石灯は、統一新羅時代9世紀頃に造られ、高さ6・3メートル、直径2・8メートルの国内最大規模のもの。彫刻や跳ねるように反る石の装飾が美しい。また、覚皇殿裏側108段の階段を登れば、「四獅子三層石塔」を見ることができる。合掌している尼僧を四体の獅子が囲み守る独特の造形は、新羅異形塔の傑作と称される。この石塔の正面には、幼い僧の姿を配した石灯がある。これは尼僧である母を供養する縁起祖師の姿ともいわれる。覚皇殿と覚皇殿前石灯、そして四獅子三層石塔は国宝に指定。他にも、異なった造りが面白い東・西五重石塔や、四体の獅子が上部を支える構図が珍しい獅子塔も必見。渉

DATA

華厳寺《ファオムサ》　화엄사

【住所】全羅南道求礼《クレ》郡馬山面華厳寺路539

【電話】061-783-7600

【時間】7時〜19時30分

【休み】なし　【料金】₩3500

【MAP】P69、157

【行き方】釜山西部バスターミナルから3時間20分、₩15900、1日8便。
順天バスターミナルから求礼구례行き市外バスで約50分、₩4200。求礼ターミナルから市内バスで約15分、華厳寺下車、徒歩25分。

覚皇殿から覚皇殿前石灯と東・西五重石塔を見る

釜山市内の交通

都市鉄道（地下鉄）

外国人にも利用しやすいのが地下鉄だ。路線図には日本語表記もあり、駅ごとに番号が付いているのでわかりやすい。釜山や大邱では、都市鉄道と呼ぶようになった。路線が郊外に延びて地上を走る区間が増えてきたためだろうか。

釜山の地下鉄は4路線。10キロまでが1区間で₩1300、それ以上の2区間は₩1500。1日券は₩4500、4回以上乗り降りする場合に割安。

券売機はタッチパネル式で、日本語表示に切り替えられる。先に行き先を選び、表示された金額を投入する。切符は紙タイプで、デポジットはない。

改札は自動改札。日本と違い、方向別で改札口が別れている駅が多いので、注意が必要。

車内アナウンスは韓国語と英語だが、主要駅では日本語と中国語での案内もある。

市内バス

地下鉄から離れたところへの移動だけでなく、街中でも使いこなすと便利なのがバス。ただし車内アナウンスは韓国語のみ。また、バス停付近が混雑していると遠くに停まることもあり、乗り降りの際にアピールが必要な場合もある。

釜山市内のバスは3種類。いずれも料金は乗車時に払う。

一般バス：白と水色の車体の2ドア。前乗り後ろ降り。₩1300。

座席バス・急行バス：白とオレンジの車体。急行バスは前ドアのみ。₩1800。

マウルバス：地下鉄駅と住宅地を結ぶマイクロバス。₩1000〜1300。

釜山金海軽電鉄（BGL）

空港だけでなく、金海へ行くのにも便利なBGL。高架軌道を2両編成の電車が無人運転で走行する。地下鉄2号線沙上《ササン》駅と3号線大渚《テジョ》駅に接続している。料金は区間により₩1300か₩1500。

切符はIC内蔵のトークン。乗る時は自動改札の読み取り機にタッチ、出る時は投入口へ。

交通カード

キャッシュビーやT-moneyなどの交通カードが便利。チャージして使うICカードで、₩2000から。全国の市内バス、地下鉄、一部のタクシーで使用できる。割引と利便性を考えると、リピーターはもちろん、数日の旅行でも購入がオススメだ。

釜山では、地下鉄と市内バスが₩100割引、マウルバスは10％前後の割引になる。また、地下鉄とバス・バス同士の乗り換え料金は無料（どちらか高い方の料金だけ）、地下鉄と釜山金海軽電鉄（BGL）の乗り換え料金は₩500と、かなりお得。乗り換え割引は30分以内の乗り換え2回まで適用。バス降車時にも読み取り機にカードをタッチすること。

カードの購入・チャージは、コンビニや地下鉄駅のカード補充機で。大人用と子供用がある。

❶市内一般バス ❷マウルバス。車体の色は色々有る ❸BGL ❹キャッシュビーとT-money。デザインは何種類かある

釜山から各地へ

●バスを利用する

安くて各都市へ直行できるのが、高速バスや市外バス。一般バスは4列シート、優等バスは3列シートでゆったり。バスにトイレはない。2時間以上かかる路線では途中のサービスエリアで休憩がある。同じ行き先のバスが並んでいる場合もあるので、降りるときにはバスのナンバーを確認しておくこと。

釜山の主要バスターミナルは2つ。

総合バスターミナル

高速バスターミナルと東部市外バスターミナルが統合したターミナル。地下鉄1号線老圃《ノポ》駅に直結している。切符売り場・乗り場とも、手前が高速バス、奥が市外バス。

主な行き先は、ソウル、春川、大田、大邱、慶州など、北の方と慶尚道の東側。

コンビニや軽食堂、大型コインロッカーもある。

西部市外バスターミナル

地下鉄2号線とBGLの沙上駅の近く。

主な行き先は、全州、順天、南原、晋州、鎮海など、西の方。全州、順天、光州などは、総合ターミナルからも便がある。西部ターミナル発の大邱行きは大邱西部ターミナル行きの緩行で2時間以上かかるが、直接海印寺を目指す場合には便利かも。

売店、フードコート、荷物保管所がある。

●鉄道を利用する

距離が長くなると、速くて楽なのが鉄道の旅。KTX（韓国高速鉄道）と在来線のセマウル・ムグンファなどがある。

釜山駅

KTXや、ソウル・大邱方面の京釜線は釜山駅が始発。地下鉄1号線釜山駅8番出口すぐ。2階がチケット売り場と乗降口。改札口はないので、そのままホームへ。

売店、食堂は多数。大型コインロッカーもある。

釜田《プジョン》駅

慶州・機張方面の東海南部線と、晋州・順天方面の慶全線の始発は釜田駅。地下鉄1号線釜田駅1番出口から徒歩5分。2階がチケット売り場と乗降口。

❶総合バスターミナルのバス乗り場 ❷西部市外バスターミナル ❸釜山駅 ❹KTX ❺釜田駅 ❻ムグンファ

釜山への交通

航空便

日本から釜山へ乗り入れているのは、成田・関西・新千歳・中部・福岡・沖縄の6つの空港から。それ以外の所からは、韓国で仁川・ソウルからの移動が必要。

釜山の空港は金海国際空港。空港から市内へは、釜山金海軽電鉄（BGL）と地下鉄、リムジンバス、市内バス、タクシーを利用する。リムジンバスは、西面・釜山駅・南浦洞方面行きと海雲台方面行きがある。慶州・浦項《ポハン》・大邱・昌原《チャンウォン》・巨済《コジェ》などへの市外バスも出ている。

船便

釜山は「船で行ける外国」だ。

フェリーは、下関と福岡からは週7往復、大阪からは週3往復。レストラン、大浴場、売店、個室もあり、ゆったりした船旅が楽しめる。

高速船は、福岡・対馬（厳原・比田勝）との間に、それぞれ1日数往復運行している。福岡から2時間55分と速いのが魅力。

釜山の港は国際旅客ターミナル。15年、新しいターミナルが釜山駅裏の第4埠頭に開業した。釜山駅（裏口）まで徒歩10分。荷物がある時や地下鉄駅（中央《チュンアン》・釜山・草梁《チョリャン》）へはシャトルバスを利用。

ソウルから釜山へ

KTXは、ソウル駅から釜山駅へ、約2時間40分、₩59800、1日50往復以上。仁川空港駅から釜山駅へ、約3時間40分、₩72100、1日6便（釜山からは1日5便）。

高速バスは、ソウル高速バスターミナルから釜山高速バスターミナルへ、約4時間15分、₩34200、1日46往復。

飛行機は、金浦空港から金海空港へ、55分、1日28往復。仁川国際空港からは、国際線乗り継ぎ専用便が1日3往復。

❶金海国際空港国際線 ❷JR九州高速船のビートル ❸関釜フェリー。韓国船籍の星希（ソンヒ）。日本船籍のはまゆうと交互に往復している ❹新しい国際旅客ターミナルはクジラのデザイン ❺福岡 - 釜山のフェリー、ニューかめりあ ❻安くて快適、ニューかめりあの2等客室

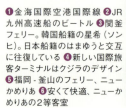

Column

買い物……私の場合

夕食に辛いものを食べると、バナナ牛乳やチョコ牛乳など、甘い飲み物が欲しくなる。刺激の強い食べ物も多い旅先では、ヨーグルトは必需品。というわけで毎日のようにコンビニに寄る。都市部ではコンビニも多く、旅行者の強い味方だ。

スーパーにも行く。品ぞろえも日本とよく似ており、食べ物、着る物、洗面用具、たいていの物が現地調達可能だ。

よく行くのは、チャガルチの農協ハナロマート。１階は生鮮食品やキムチなど、２階はその他の食品と日用品。まずはラーメン。日本でも辛《シン》ラーメンはもちろん、安城湯麺《アンソンタンミョン》も手に入るようになったが、韓国ならではのラーメンを、ここぞとばかり買い込む。お気に入りはスープが美味しいマシンヌン（おいしい）ラミョンと、ジャガイモ入りの麺が弾力があって美味しいカムジャミョン。チャンポンはインスタントもやっぱり赤くて辛く、海鮮ダシがきいている。ジャジャンミョンや焼きそばもあり、どれにしようか選ぶのが大変だが楽しい。

他にもぜひ買って帰りたい物がいろいろ。コチュジャン（唐辛子味噌）は、各ブランドとも赤い容器で統一されていてわかりやすい。農協ブランドのゆず茶は絶品。１kgのビン入りで、重たいのが難点だが。海苔はここ数年、オリーブオイル風味が人気のようだ。

たくさん買ったら、その場で段ボールに詰めて郵便局から送ってしまう。急ぐときはEMSで。5kgの荷物が₩3万3200で、２～4日で到着する。急がなければ船便で。5kgだと₩1万9600で、3週間ほどで配達される。郵便局はあちこちにあるが、チャガルチの農協で買ったときは新東亜ビル2階の郵便局を利用する。韓国の郵便局の営業は月～金曜の9時～18時。土日に送りたいときは、ホテルのサービスを利用するか、コンビニ（cuかGS25の一部店舗）から。

帰国当日はキムチを買いに行く。時間があるときは富平市場へ。地元の人向けの味で、辛くて美味しい。発酵が進んで酸味が出たらチゲに最適だ。時間がなければ農協ハナロマートで。日本人にもなじみやすい味でこれも美味しい。エゴマの葉や干し大根のキムチがお気に入りだ。ついでにジョンなどのお総菜やキムパッも買って帰って、夕食のおかずにする。

夜行フェリーで帰国するときのお楽しみは、チョッパル通りの店でのテイクアウト。検疫の関係で肉類は日本に持ち込めないのだが、フェリーの中で食べるのは問題なし。

こうして、気がつけば、食べ物ばかり買っているのだった。悠

❶マシンヌンラミョン
❷バナナ牛乳
❸赤い……富平市場のキムチ屋さん
❹チャガルチの農協ハナロマート

農協《ノンヒョッ》ハナロマート（チャガルチ店）
농협하나로마트
【住所】釜山市中区九徳路73
【電話】051-250-7700　【時間】8時～23時
【休み】第2･4日曜　【MAP】P10

韓国基本情報

正式国名　大韓民国
韓国語表記：대한민국
漢字表記：大韓民國

首都　ソウル

面積　100,210㎢日本の約4分の1

人口　約5000万人
約5分の1がソウル

言語　韓国語　表記文字をハングルという

宗教　仏教、プロテスタント、カトリックなど。
社会・文化に儒教の影響が濃い。

時差　日本との時差はない

通貨　ウォン（記号は₩）

気候　日本同様、四季の変化があり、梅雨もある。
日本での季節の服装とそう変わらない。

パスポート　残存期間3カ月以上あることが望ましい。

ビザ　観光90日間まで不要

電気　韓国の電圧は220Vが主流で一部110Vも。プラグは220VはCまたはSE型、110Vは日本と同じA型。日本の製品を使用する場合は変換プラグと変圧器が必要。

水　生水は硬水なので飲まないほうがよい。
食堂の水は大丈夫。

休日　1月1日……新正月
旧暦1月1日……旧正月（ソルラル）
3月1日……三一節（独立運動記念日）
5月5日……子供の日
旧暦4月8日……釈迦誕生日
6月6日……顕忠日（忠霊記念日）
8月15日……光復節（独立記念日）
旧暦8月15日……秋夕（チュソク）
10月3日……開天節（建国記念日）
10月9日……ハングルの日
12月25日……クリスマス
※旧正月と秋夕の前後3日間が休日になる。

韓国ウォンの紙幣と硬貨

歴史

先史時代、古朝鮮時代を経て

1～4世紀頃 半島北部に高句麗、半島南部は馬韓、弁韓、辰韓の三韓時代。韓国の国号の「韓」は、この三韓時代に拠るとされる。

4～7世紀 高句麗、百済、新羅と伽耶諸国からなる三国時代。概観すれば高句麗が現在の北朝鮮、百済が全羅道、新羅が慶尚道、伽耶諸国が全羅南道・慶尚南道の一部とほぼ重なる。

562年 伽耶が新羅に併合される。

663年 百済が滅亡。

668年 高句麗が滅亡。

676年 新羅の半島統一（統一新羅時代）仏教栄える。新羅末期には国が乱れ、後高句麗、後百済と呼ばれる三国の割拠が始まる。

936年 高麗の半島統一（高麗時代）。

英語のKoreaは高句麗、高麗の呼び名に拠るといわれる。高麗は「世界の中心」という意味だとする説がある。仏教で国を治める一方で科挙制度を取り入れる。

元の侵攻。海印寺の八万大蔵経。

明の侵攻。倭寇の出没。

1392年 李成桂《イソンゲ》の半島統一（朝鮮時代）。李朝は27代続く。朝鮮は「東方と光明」を表す言葉だとする説がある。儒教による治世を行う。仏教弾圧。

世宗（4代）の時、ハングル成立。

1592年・97年 壬辰倭乱・丁酉再乱（豊臣秀吉による文禄・慶長の役）。

1876年 日朝修好条規、釜山港開港。

1894年 甲午農民戦争をきっかけにして日清戦争勃発。

1897年 国号を大韓帝国と改める。

1910年 日本による韓国併合（日本統治時代）。

1919年 三一独立運動。

1945年 日本敗戦後、南北分断占領。

1948年 大韓民国と朝鮮民主主義人民共和国建国。

1950年 朝鮮戦争（～53年まで）。

1965年 日韓基本条約。以降の経済成長を「漢江の奇跡」という。

1980年 光州事件ー韓国民主化運動の代表的な事件。

1988年 ソウルオリンピック。

1991年 韓国と北朝鮮が国連に同時加盟。

2002年 日韓共催サッカーワールドカップ。

2003年 日本で「冬のソナタ」の放送が始まり、韓流ブーム起こる。

メニューを見せてください………메뉴를 보여주세요.
メニュルル ポヨジュセヨ

[これ2人前／ビール1本]ください
………………………[이거 이인분/맥주 한병] 주세요.
[イゴ イインブン／ メッチュ ハンビョン] ジュセヨ

先払いですか?……………………………선불이에요?
ソンブリエヨ?

辛さ控えめにしてください。……… 덜 맵게 해주세요.
トル メッケ ヘジュセヨ

ビールがまだ来ません。…… 맥주가 아직 안 나와요.
メッチュガ アジガンナワヨ

美味しいです。……………………………… 맛있어요.
マシッソヨ

おかわりください。………………………… 더 주세요.
ト ジュセヨ

お水ください。………………………………물 좀 주세요.
ムル ジョム ジュセヨ

火を[消してください／弱くしてください]。
………………………… 불 좀 [꺼 주세요/줄여 주세요].
プル ジョム [コ ジュセヨ／ジュリョ ジュセヨ]

会計をお願いします……………………계산해 주세요.
ケサネ ジュセヨ

テイクアウトにしてください。
…………………………………포장해 주세요/싸주세요.
ポジャンヘ ジュセヨ／サジュセヨ

ここで食べます。(ファストフードで)…… 여기서 먹어요.
ヨギソ モゴヨ

買い物

いくらですか………………………………… 얼마예요?
オルマエヨ?

[これ／もっと大きいの／もっと小さいの]ありますか?
…………………[이거/더 큰 것/더 작은 것] 있어요?
[イゴ／ ト クン ゴッ／ト ジャグン ゴッ] イッソヨ?

[これ／レシート／袋]ください
……………………………[이거/영수증/봉투] 주세요.
[イゴ／ ヨンスジュン／ボントゥ] ジュセヨ

ただ見ているだけです……………그냥 좀 볼려구요.
クニャン ジョム ボルリョグヨ

クレジットカード使えますか。……… 신용카드 돼요?
シニョンカドゥ ドェヨ?

また来ます。……………………………………… 또 올게요.
ト オルケヨ

EMSを送りたいのですが
………………………… EMS를 보내고 싶은데요.
イエムエスルル ポネゴ シプンデヨ

〈数字（漢数字）〉

0	コン	
1	イル	
2	イ	
3	サム	
4	サ	
5	オ	
6	ユッ	後ろにつく助数詞の例
7	チル	～ウォン　～원　～ウォン
8	パル	～人前　～인분　～インブン
9	ク	～泊　～박　～バッ
10	シッ	～階　～층　～チュン
11	シビル	～年　～년　～ニョン
12	シビ	
20	イシッ	
30	サムシッ	
百	ペッ	
千	チョン	
万	マン	

〈数字（固有数字ー一つ二つ）〉

1	ハナ（ハン）	
2	トゥル（トゥ）	
3	セッ（セ）	後ろにつく助数詞の例
4	ネッ（ネ）	～個　～개　～ゲ
5	タソッ	～本　～병　～ビョン
6	ヨソッ	～枚　～장　～ジャン
7	イルゴッ	～時　～시　～シ
8	ヨドル	～名　～명　～ミョン
9	アホッ	～名様　～분　～ブン
10	ヨル	
11	ヨラナ	
12	ヨルドゥル	
20	スムル（スム）	
30	ソルン	百以上は漢数字と同じ

＊後ろに助数詞がつくときは（　）内の言葉を使う。

言葉

あいさつと基本

こんにちは（朝も夜も同じ）……………………안녕하세요.
アンニョンハセヨ

ありがとうございます……감사합니다./고맙습니다.
カムサハムニダ／コマッスムニダ

ごめんなさい／申し訳ありません
……………………………………미안해요./죄송합니다.
ミアネヨ／ チェソンハムニダ

さようなら（去る時）…………………………안녕히 계세요.
アンニョンヒゲセヨ

はい／いいえ……………………………………네./아니요.
ネー／アニヨ

いいです ／ ダメです………………좋아요./안돼요.
チョアヨ／アンドェヨ

大丈夫です……………………………………………괜찮아요.
クェンチャナヨ

結構です（断る時） ……………………………………됐어요.
トェッソヨ

私は日本人です。………………저는 일본사람이에요.
チョヌン イルボンサラミエヨ

日本から来ました。……………………일본에서 왔어요.
イルボネソ ワッソヨ

韓国語はよく分かりません。…한국어는 잘 몰라요.
ハングゴヌン チャル モルラヨ

トイレはどこですか？…………화장실은 어디에요?
ファンジャンシルン オディエヨ

交通

釜山駅まで行ってください　부산역까지 가주세요.
プサニョッカジ カジュセヨ

ここで停めてください…………… 여기서 세워주세요.
ヨギソ セウォジュセヨ

慶州行きを２枚ください……… 경주행 두장 주세요.
キョンジュヘン トゥジャン ジュセヨ

T-moneyカードください。……… 티머니카드 주세요.
ティモニカドゥ ジュセヨ

チャージしたいです。…………………충전하고 싶어요.
チュンジョナゴ シポヨ

ホテル

予約をした○○です……………… 예약한 ○○입니다.
イェヤッカン○○イムニダ

空室はありますか？………………………빈 방 있어요?
ピン バン イッソヨ?

部屋を替えてください………………방을 바꿔주세요.
パンウル パッコジュセヨ

荷物を預けたいのですが… 짐을 맡기고 싶은데요.
チムル マッキゴ シプンデヨ

観光

パンフレット（観光案内書）をください
…………………………………………관광 안내서 주세요.
カングァン アンネソ ジュセヨ

日本語の地図はありますか？
…………………………………… 일본어 지도는 있어요?
イルボノ チドヌン イッソヨ?

写真を撮ってもいいですか?……사진 찍어도 돼요?
サジン チゴドドェヨ?

食事

３人です。（店に入ると人数を聞かれる）………세명이에요.
セミョンイエヨ

席はあいてますか？ ………………………자리 있어요?
チャリ イッソヨ?

すみません（店の人を呼ぶとき）………… 저기요./여기요.
チョギヨ／ヨギヨ

おわりに

ひと味違う釜山の本を、というお話をいただいて、円安ウォン高という逆風が吹く中、週末や連休を利用して韓国へ行くこと10回。あれもこれもと欲張ったが、時間と費用と紙幅が許せば紹介したい所が他にもあった。逆に、取材に行ったものの掲載を見送った所もある。それだけに、掲載したのは、また行きたい所、また食べたいものばかりだ。

韓流ブームから10年以上過ぎたが、日韓の間にはまだまだ反発する空気もある。だが、旅先で出会う人たちは皆、日本人にも親切にしてくれる。この本一冊で韓国旅行ファンが増えるとは思わないが、今までソウルにしか興味がなかった方に「南の方も面白そう、釜山にも行ってみよう」と思っていただければ幸いである。悠

旅行は帰宅するとまた行きたくなる。釜山とその周辺は、行けば行くほど、行けども尽きぬという意味では迷宮かもしれない。だから、もう次の訪問にわくわくしてしまう。

またとない執筆の機会をくださった書肆侃侃房の田島安江さんと、遅々として進まぬ原稿を待って、長い原稿と多くの写真を詰め込んでくれた、編集部の池田雪さんと黒木留実さんにお礼申しあげる。そして、この本を手にしてくださった皆様に感謝の言葉を。渉

著者プロフィール

吉貝渉(よしかい・わたる)

1959年福岡市生まれ。明治大学文学部卒業。

学生の頃から旅行好き。だが、かなりの方向音痴。

ここ20年ほどは中国、韓国を集中的に訪れている。

吉貝甚蔵名で、詩集『ハイホー』(石風社)『夏至まで』『夜話茶話』(共に書肆侃侃房)がある。

吉貝悠(よしかい・はるか)
1963年愛媛県新居浜市生まれ、福岡市育ち。福岡県立筑紫丘高校、福岡教育大学卒業。
趣味は読書と音楽鑑賞。出不精のインドア派だが、地図と時刻表が好きで、趣味で習った中国語とともに旅行に役立っている。「冬のソナタ」から韓国ドラマにはまっている。

参考文献

『韓(から)のくに紀行　街道を行く2』司馬遼太郎　朝日文芸文庫
『韓国歴史散歩』金容雲(監修)、中山義幸、平井敏晴(著)　河出書房新社
『食べる旅 韓国むかしの味 』平松 洋子　新潮社
『釜山を食べよう』パク・チョンホ (著)、真野友恵 (訳)　西日本新聞社
『韓国の美味しい町』鄭銀淑　光文社新書
『韓国・下町人情紀行』鄭銀淑　朝日新書
『韓国を食べる』黒田勝弘　文春文庫
『韓国・伝統文化のたび』岩鼻通明　ナカニシヤ出版
『韓国古寺巡礼　新羅編／百済編』鎌田茂雄、NHK取材班　日本放送出版協会
『小さな駅を訪ねる韓国ローカル鉄道の旅』イム・ビョングク (著)、金光 英実 (訳)　平凡社
『天恵の郷 韓国順天-自然と人びとの和み』金容権、児玉 捷之　彩流社
『民話で知る韓国』ちょん・ひょんしる　生活人新書
『歴史探訪　韓国の文化遺産』同書編集委員会(編)　山川出版社

写真：吉貝渉・吉貝悠
表紙カバー写真：田島安江(書肆侃侃房)
ブックデザイン：園野孝幸(有限会社アクセス)
DTP：黒木留実(書肆侃侃房)
編集：池田雪(書肆侃侃房)

※本書の情報は、2016年7月現在のものです。掲載後に変更になる場合があります。

KanKanTrip14
おとなの釜山　歴史の迷宮へ

2016年8月18日　第1版第1刷発行

著　者　吉貝渉・吉貝悠
発行者　田島安江
発行所　書肆侃侃房(しょしかんかんぼう)
〒810-0041 福岡市中央区大名2-8-18-501 システムクリエート内
TEL 092-735-2802　FAX 092-735-2792
http://www.kankanbou.com
info@kankanbou.com

印刷・製本：株式会社西日本新聞印刷

ISBN978-4-86385-231-0　C0026

KanKanTripの本

書肆侃侃房の紀行ガイドシリーズです。
著者が歩いて感じた旅の雰囲気が伝わるような本になっています。
読むだけで楽しめるように、写真もふんだんに盛り込みました。
地図や基本情報などの簡単な旅のガイドもついています。

KanKanTrip 1 インド北方のチベット仏教僧院巡りと湖水の郷へ
「ラダックと湖水の郷カシミール」大西 久恵
A5／並製／144ページオールカラー／定価:本体1,500円＋税
ISBN978-4-86385-058-3

KanKanTrip 2 ヨーロッパ最後の中世
「ルーマニア、遥かなる中世へ」三尾 章子
A5／並製／160ページオールカラー／定価:本体1,500円＋税
ISBN978-4-86385-095-8

KanKanTrip 3 50の教会。そこに物語があった
「イギリスの小さな教会」大澤 麻衣
A5／並製／192ページオールカラー／定価:本体1,600円＋税
ISBN978-4-86385-101-6

KanKanTrip 4 ポルトガルの小さな古都
「リスボン 坂と花の路地を抜けて」青目 海
A5／並製／160ページオールカラー／
定価:本体1,500円＋税／ISBN978-4-86385-110-8

KanKanTrip 5 フィーカしよう!
「スウェーデン 森に遊び街を歩く」Sanna
A5／並製／160ページオールカラー／
定価:本体1,500円＋税／ISBN978-4-86385-116-0

KanKanTrip 6 その青に心を奪われる
「ニューカレドニア 美しきラグーンと優しき人々」前野 りりえ
A5／並製／160ページオールカラー／定価:本体1,500円＋税
ISBN978-4-86385-142-9

KanKanTrip 7 住んで旅した台湾
「台湾環島 南風のスケッチ」大洞 敦史
A5／並製／192ページオールカラー／定価:本体1,600円＋税
ISBN978-4-86385-146-7

KanKanTrip 8 おとぎの旅へ
「イギリス鉄道でめぐるファンタジーの旅」河野 友見
A5／並製／176ページオールカラー
定価:本体1,500円＋税／ISBN978-4-86385-150-4

KanKanTrip 9 四川の食べ歩きガイド
「涙を流し口から火をふく、四川料理の旅」中川 正道／張 勇
A5／並製／176ページオールカラー／定価:本体1,500円＋税
ISBN978-4-86385-152-8

KanKanTrip 10 厚い人情と励ましと
「90日間ヨーロッパ歩き旅」塚口 肇
A5／並製／192ページオールカラー／定価:本体1,600円＋税
ISBN978-4-86385-154-2

KanKanTrip 11 人生で一番の「遺産」に
「カンボジア・ベトナム・ラオス長距離バスでめぐる世界遺産の旅」江濱 丈裕
A5／並製／192ページオールカラー／定価:本体1,600円＋税
ISBN978-4-86385-188-7

KanKanTrip 12 昭和が薫り立つ
「韓国に遺る日本の建物を訪ねて」やまだトシヒデ

地震のない韓国には、70年、80年、100年経った日本の建物が現存しています。歴史を超えて遺された建物からは、通りすぎていった足音やそこで暮らした人々の息遣いさえ聞こえてくるかのよう。本書は、著者が韓国各地を旅し、路地を歩いてみつけた日本の建物探訪記。ページをめくれば、モダンで瀟洒で、ときに古色蒼然たる日本の面影がたどれます。
A5／並製／160ページオールカラー／
定価:本体1,500円＋税／ISBN978-4-86385-194-8

KanKanTrip 13 伝統手工芸の聖地
**「バルト三国 美しきエストニア、ラトビア、リトアニア」
Sanna**

バルト海の東岸、フィンランドの南に並ぶバルト三国。1991年にソ連から独立を果たした三国は中世の街並みが色濃く残り、三国の首都にある旧市街はユネスコ世界遺産に認定されるほど、見どころに溢れた国々です。かわいい雑貨やハンドクラフトも女性たちから人気を得ていて、北欧に惹かれる人々の次の目的地として今、注目を集めています。そんな三国を旅した著者の、とびきり大きな感動と興奮がつまった一冊。
A5／並製／192ページオールカラー
定価:本体1,600円＋税／ ISBN978-4-86385-216-7

KanKanTrip Japan

KanKanTrip Japan 1 九州の「巨」スポット勢揃い!
「九州の巨人!巨木!!と巨大仏!!!」オガワ カオリ
A5／並製／200ページオールカラー／定価:本体1,600円＋税
ISBN978-4-86385-172-6

KanKanTrip Japan 2 美しき超時空都市
「麗し太宰府」前野りりえ
A5／並製／160ページオールカラー／定価:本体1,500円＋税
ISBN978-4-86385-197-9

KanKanTrip Japan 3 私の温泉放浪記
「九州 男の隠れ湯 300湯」合原幸晴
A5／並製／144ページオールカラー／定価:本体1,500円＋税
ISBN978-4-86385-213-6